luminosity luminosity luminosity luminosity
luminosity luminosity luminosity luminosity
luminosity luminosity luminosity luminosity
luminosity luminosity luminosity luminosity
luminosity luminosity luminosity luminosity
luminosity luminosity luminosity luminosity
luminosity luminosity luminosity luminosity
luminosity luminosity luminosity luminosity

luminosity

luminosity luminosity luminosity
luminosity luminosity luminosity luminosity
luminosity luminosity luminosity luminosity
luminosity luminosity luminosity luminosity
luminosity luminosity luminosity luminosity
luminosity luminosity luminosity luminosity
luminosity luminosity luminosity luminosity
luminosity luminosity luminosity luminosity

菩薩心語4

有的時候我們什麼都看不見，
但因為我相信，所以我們前進了，
往未來的路上前進了。

不是因為看見了幸福才堅持，
而是因為堅持了，
才看見了我想要的幸福與美好。

暢銷作家 黃子容 著

菩薩慈眼視眾生

黃子容

《菩薩心語》是一本菩薩談論人生生活智慧的語錄，在這個系列的書籍裡面，收集了很多來自座談會時，菩薩給予大家鼓勵的話語。面對生活當中遇到的困境，菩薩給予的語錄以及鼓勵的話，幫助了許多人度過困境與難關。

我們多需要有人可以給予我們人生指引方向，可以給予我們遇到困境時的及時雨，告訴我們，我們現在的努力是否得到肯定？是否值得繼續堅持？又或者我們現在所做的功課，是否可以幫助我們自己？人生在努力的當下，都是需要肯定的，都是需要有人給我們動力的，而菩薩對我們所說的話語，就是我們前進的動力，給予我們的指引，就是我們前進的方向，《菩薩心語》這一系列的書籍，裡面的文字，幫助著我們思考、反省、檢討自我的人生，重拾信心面對生活。

這本《菩薩心語4》中，談論著生活當中所遇到的執著，所需要學習放下的事物與態度，修行時需要的修持與能力，談論愛情，也談論著人生生活的態度，更多的心靈成長內容，都集結在這本《菩薩心語》中。

人生當中，渴望得到，就必須要先有付出。懂得付出，就不需要去計較，人生很多時候，如果可以學習可有可無的心態，那麼，很多時候就不會那麼計較了。

當我願意付出的當下，一定知道對方的需要，當我自己主動願意去付出，我自己想要付出，這樣的付出，就是心甘情願的。

這個「我想要」的成分，一定是占居多，因為出自於我動力的「想要」，我自主性的想要，所以我幫了這個忙，做了這件事情。

在幫了忙、做了這件事情之後，就再也沒想要討好的心理，想要得到感謝的心態，沒有希望對方有任何回報與回饋了。

這才是真正的付出，這才是你在當下決定要做的時候，最佳的動力，以及驅使你再苦也要堅持下去的原因。我們所堅定信守的，就是這樣的堅持。

菩薩說，肩上承擔的責任，從來都不是苦；嘴上所說的話，不全然都是傷心的話語。

有時，我們只展現好的，收起不好的；只給予好的，而私下承擔著不好的，都是因為我們希望展現希望的能量給他人。

一切都是因為，你想要給予的，都是美善，都是好的。也就是說，你想要給別人都是好的，於是，自己把很多事情都擔下來了，不願意說出，不讓人知道，常常報喜不報憂，其實，這是生活中更多承擔能力的展現。

很多人都是這樣生活著，獨自承擔，獨自承受著壓力，對於周遭的人事物都是報喜不報憂，不想讓他們擔心。

菩薩說，如果我們可以成為一個天生樂觀，而且懂得關心他人的人，我們就會把身上所有好的能量給予身邊需要的人。

菩薩說，一個很願意、很樂於付出、喜歡散播歡喜心的人，有時候，會把自己的苦痛埋藏在心底，等到情緒漫溢出來了之後，才會去注意到自己的問題。

菩薩說，當我們在隨時給予別人愛的同時，其實，應該要反觀自己有沒有遇到這樣的困境。如果有的話，我們應該先把自己的身心靈安頓好。

身心靈安頓好之後，給予別人的能量會是更強的、更正向的。

菩薩說，其實，報憂也沒有關係，因為你知道，你的福德累積了這麼多快樂的能量在周圍，就算有一天你報了憂，別人也能夠承擔你所拋出去的憂，而能夠承接、幫助你解決問題跟困難。

你的貴人一直隨時圍繞在身邊，你不怕沒有貴人相助，因為你所散播出去的愛，有一天會反饋到你身上。

不管報喜還是報憂，我們都不需要擔心，因為我們總有好能量，能為自己找到解決問題的辦法。

《菩薩心語》這本書，可以讓你找到生活智慧的答案，可以找到前進的動力，看著《菩薩心語》中的文字，可以撫平你心中的不安，找到心靈安定的方法。

希望你也會喜歡這本書！

自序

體驗人生

目錄

菩薩心語

菩薩心語對話

體驗人生

體驗人生中的美好

在人生的道路上，每個人都亦步亦趨，一步一腳印地在成長、記錄著自己的人生。在這些人生成長的過程中，有取捨，有捨得，有付出，有傷痛，當然也有悲傷凝結而成的智慧。

這些傷痛，強迫我們成長，發揮了我們的潛能，學習感受別人的痛苦，在痛中學習同理他人，在愛中學會包容與成長。

在這種慈悲喜捨當中，感受他人痛苦的苦難當中，漸漸地找到了生命的意義、人生的智慧。

在這些體驗當中，更能夠細心地去體悟到：人生，其實苦多於樂，樂，其實就在我們的一念之間。

你想要的是快樂，當下就是快樂；你體會的當下是痛苦，人生就是苦痛。

你如果想要轉換任何情緒，其實，就在瞬息萬變的一念之間。這就是你人生當中的體會，也是每個人的人生未來會繼續學習的部分。

人生有很多事物是無法逃避的，尤其是面對自我成長、體驗人生這個部分。

我們會漸漸地在別人身上看見更多的課題，督促著自己要成長，警惕著自己的心念，感受著人生生老病死經歷的過程。這一切都要知足，都要感恩，都要用心學習，盡心感受。

我們生來就是要來體驗人生的，一切都是最好的安排，一切都是最美的經歷。

苦痛成為動力

在倍受煎熬、心裡兩難、矛盾的情緒下，每個人都在學習走出自己想要做的選擇，選擇，選擇了自己想要走出的路。

這一段選擇的過程，沒有人可以體會，這一段承擔與經歷的經驗，如人飲水，冷暖自知，沒有親身經歷過，很多時候真的無法體會他人的痛苦。

這些轉化的過程，唯有自己最清楚，知道智慧的累積不是光憑別人的嘴裡能得到的體會，而是必須靠自己點點滴滴、細細品嚐而得到的智慧。

在這些成長的過程當中，每個人都有過想要逃避的時刻，也有過喊痛想放棄的當下，但只要我們很勇敢地把這些痛苦、把這些當下的每一刻化成動力，我們就能夠繼續前進。

當你在流下眼淚的當下，緊握拳頭，告訴自己要勇敢的那一刻，菩薩一直都在你身邊，沒有忘記你那辛苦、心酸的眼淚。

允許告訴自己：沒關係，我會勇敢。

跌倒再站起來是勇敢，跌倒之後再繼續前進是堅強。在那一刻的當下，你已經不一樣了。

菩薩希望在未來的每一刻，當你遇到困難的時候，握緊雙拳，一定要記著：菩薩一直都會在你身邊。只要你沒有放棄，菩薩絕對不可能放棄你。

苦痛是帶給我們成長的動力，我們堅定的信念，可以帶領我們越過苦痛，得到更多喜樂。

失去也不悲傷

菩薩希望每個人的臉上多一些笑容，開心一點，減少憂愁，才能夠為每個人帶來更多的動力。

如果你不開心，怎麼繼續做眼前的這件事？如果你不放開腳步，怎麼往前邁進呢？

不要讓所有的包袱、所有的束縛，困住了你的心與前進的腳步。在過去的點上受傷了，不代表在未來的你不能夠在這個點上繼續站起來，過去的痛，不代表你無法繼續擁有快樂的權利。

放下過去的憂愁，才能夠展現未來的生命力，才能夠在未來的人生當中，創造你自己要的幸福。

學習著信任他人，學習著建立與他人之間的信任感，這是非常重要的。

每一個人都是從不熟識到熟識，從不信任到信任，不要先去猜疑別人是否有所目的，先學會自己能夠相信別人，再來相信緣分。

菩薩說，人生當中有很多的失去，都是為了要能夠擁有更好的，才能夠放手現在所在意的。

未來可以得到的，在我們現在看來，都還是一個未知數，所以，人對於未知是擔心、害怕的。如果我們可以檢視以往我們所失去的，察覺這些必然不是我們所應得的，那麼就學習放下。

未來我們所得到的，學會珍惜，才能夠適切地形容我們心中所謂的期盼。所以，當失去的時候，不足以嘆息；當得到的時候，不足以喜悅，時時刻刻都要能夠更懂得珍惜。

學習人生課題

記得菩薩在一場座談會中，對著一個女孩說：「菩薩知道你受苦了，菩薩知道你能吃苦，所以給你這些苦痛吃。」

「十幾年前，菩薩所認識的你，是一個非常執著、固執、不能變通、不能輕易被他人打敗、不能讓人輕易挑戰你的規則權威的人，因為你有自己的想法，你有自己的固著，不願意被別人取代，也不願意被別人所折服。但現在的你，願意用最通融、最圓融的方式，去接受這世界上所有的變化；並用最有智慧的方式，去面對人生當中每個生命所擁有的生、老、病、死四種課題，都同時在這個階段全然傾出。」

這一切的經歷都不簡單，而人生可以有的變化與改變，其實就在每個人的決定當中，你想要什麼樣的人生，自己就可以做出什麼樣的選擇。

過去的你和現在的你究竟有什麼不同？

我們在回憶歲月的時刻，都可以翻查出自己的不同，讚賞著自己的成長。

當然，一個人一次要承受這四個課題，生命還要能夠繼續，遇到困難還能夠堅定生命力的挑戰，不能說死，不能談自殺，不能自我毀滅，這生命力需要多強大呀！

這個孩子就是這樣堅強著。

面對年老的父母親、生病的家人，對於家人的病情束手無策，情緒無法控制。

你知道，老了有很多事情沒有辦法做了，老了有很多福想要享受，但卻無能為力，這就是人老了，很多事情無能為力了，但還是要面對。

病了該如何？面對另一半、至親、摯愛的生病了，你在旁可以陪著哭泣，陪著看醫生，四處尋醫，對於病痛，卻一點辦法也沒有，就算這身體病痛長在你的身上，你依然束手無策。

這一切就是讓你看見，當一個人不懂得珍惜自己身體的當下，當一個人濫用自己身體的當下，可能會經歷到身體給予你人生的抗議跟變化。

面對死亡，你可能經歷了阿公阿嬤的過世、家裡毛小孩的過世，在死亡這個課題當中，這可能是讓你最早經歷到的，小時候的你反而較能看得開。

然而現在所面臨到的生命問題、老的問題、病的問題，每每糾結著你的心，讓你苦不堪言。

但在這些受到苦難的當下，菩薩最想要考驗每個人的是：在遭受這些苦痛時，你有沒有一次或有沒有一天想死？

如果沒有，才是迎接這些課題最重要的心態。

如果有，那麼，就代表著你被這些生老病死的無常給打敗了。

如果你曾經有過，沒關係，現在用正確的心態去面對它，這生老病死也不過是菩薩給每個人的課題，它總會有過關的一天，只是你能不能找到方法，以及正確的心態去面對它？

為什麼在這個當下，給你出這麼難的題目？

如同你一定聽過菩薩的一句話：因為你可以，所以給了你。

所以無論如何，你都可以成為家人最後最堅強的後盾，因為他需要你。

他要完成他人生重要的課題，他的身體健康要能夠得以恢復到圓滿，這一切都需要靠你。

他能不能找到方法，需要靠他自己的智慧，而你需要在身旁不斷地給予他所有愛的圓滿，因為解藥在你身上。

任何事情都有難關，任何事情都會有阻礙。

只是這些難關的出現、阻礙的發生，有沒有阻斷了你想要前進的心？有沒有停滯了你想要繼續往前的心意跟動力？

如果很多事情都阻撓不了你，那麼，就代表你意志堅定。

前方一定是有路的。

你步步為營、小心翼翼，只為了前進那一步，那都是值得讚許的。

有的時候，我們或許看不到前方有什麼，而我們的堅持，只是為了相信未來更美好，所以我們繼續堅持下去。

這個信念，是比看見未來希望，還要更重要的。

有的時候，我們什麼都看不見，但因為我相信，所以我的腳動了，我往路上前進了。

不是因為看見了幸福才堅持，而是因為堅持了，才看見了我想要的幸福與美好。

上天的安排

人有陰晴圓缺，事情有美好的一面，也有錯誤的美好，端看你怎麼看現在每個人生。

人生當中是有捨去，也有得到的。

當人生不能夠自在、自由運用自己的意志，不能夠自由自在控制自己的身體時，它就是一個苦痛的開始。

人會有執著，不斷地想要去控制某些事情，控制自己的想法，控制他人的想法，操作自己的行為，操控別人的行動，這些都是在控制之下。

有了控制，得以控制，心就會安了；不能控制，不能夠安排，心就會慌了。

在這慌亂之間，要學習的是：人真的可以控制一切嗎？

你所謂「上天為何這樣對待你」，你所謂「上天為何做這樣的安排」，就代表著上天控制著一切，而不是由人來控制這一切。

當你能夠接受上天是最初、原始的控制者，那麼，上天為何要這樣控制？一定是有因有果，上天才會這樣安排。

你在憤怒的時候，訴說著上天的不公平，挑戰著神明所帶來的威權，那麼，你就可以知曉：神明的確控制了這一切。而這一切的安排，其實是因人所賦予的。

當人們挑戰著神明的威權時，神明會證明給人們看：我的確有這些威權的存在，只是要運用或不運用而已。

當人想要神明去除這些威權並展現慈悲的當下，人們也需要展現出他的誠意，必須承認：菩薩是慈悲的。

要用什麼樣的方法來證明菩薩是慈悲的？

這個控制權就又回到了人的身上。你相信慈悲，慈悲就圍繞。

你的信念，會為你帶來不可思議的動力與改變，上天的安排，在於因果，也在於我們所堅持的信念。

一個人堅持善，就有善福報。一個人若選擇了惡，那麼，要承擔的必定很多。

人生當中有很多不可思議的因緣，其實，一早就安排聚集了。

接受上天的安排，盡心做好自己的份內事。

任何人遇到任何事情，都有很多的交集，很多不同的因果循環，也有當下必須學習承擔的課題，這些必須要成立的因素，才能讓人深刻的體會。

當你看見很多人受苦了，你若要知道那個苦，便必須從心中、肉體感受到那個苦，你就會懂得放下自身的苦了。

在成長的過程當中，在生命經歷很多蛻變、強迫人們接受身體變化時，更多的是憤恨、不能接受。

人的痛苦，菩薩完全可以瞭解。但請不要忘記，菩薩殷殷切切地在每個人身邊守護著，不單單要看你身體健康，更要看你心靈健康，也要看你從不能控制，到能夠控制自己的脾氣，能夠斷除貪嗔癡，能夠迎向戒定慧，能夠讓自己的人生更加圓滿，這才是你自己最豐富的人生經驗。

當你開始感受到、體會到他人苦的時候，就是你即將解脫苦、離開苦的時候，也就是說，你會開始越來越好。

而菩薩給予每個人的，永遠都是站在你的這一旁，在心底守護著你，讓你繼續擁有健康的好能量，讓你有好的想法、好的意念，繼續支持你在生活當中任何困難的時刻。

修行路上

在修行的過程當中，其實是一步一腳印來累積所有的福德。

在看見別人的成長及自己的蛻變時，會感覺到心靈安定，會覺得付出是有福的，會覺得即使受到誤解，也能夠堅定自己的心念，堅持善，堅持自己的初發心，走對的修行路。這就是對人世間自我的學習及堅持。

我們所做的，為菩薩做的，為大家所付出的，其實，不需要太多的言語去描述，因為一切都自在心中。別人能夠看見，便能夠有所感受。

每一個人在活動的進行當中，都可以喊出某個人的付出、用心，尋找某個人交代事情相辦，或者是尋求某個人協助，其實，已經變成了一種習慣。

習慣當中，代表著一種需求；需求當中，代表著一種依賴；依賴當中，代表著一種深深的信任。

你可以得到別人的信任，相對地因為別人對你有某些程度上的肯定，才會賦予你這樣的能力。所以，當你在檢視別人對你的需求時，你要能夠更加謙虛，更能理解別人的需要，而能給予適當的幫助。

這一切的成長，都是來自於你自己心靈上的變化，你會懂得自我檢討、自我修正，然後把事情做到最好，這是菩薩一直都深具信心且對你的期待。

在處理事情的過程當中，雖然沒有任何報酬，在面對事物當中，雖然有很多繁瑣的過程，如果可以學習不嫌麻煩，而且能夠以他人之福，作為自己付出的目的，這是一種難能可貴的付出。

付出是有形的，但得到的卻是無形的福德。

觀世音菩薩希望人們在任何付出有相及無相的過程中，能夠做到自己對自己的照顧。

對於自己心靈上的安定，對於自己的快樂、自在，更能夠以這些作為第一需求及第一個需要。

然後，看見別人的苦痛，能夠感同身受，菩薩希望我們在未來能夠學習更加地柔軟，希望未來能夠感同身受並運用同理心，去感受別人的苦痛。這一切，菩薩只相信，我們每個人都可以做得越來越好。

文殊師利菩薩給予每個人的話語是：知道每個人渴望擁有智慧，知道每個人都希望平靜心靈，努力祈求福德兼具，菩薩期許大家未來能夠有更多的柔軟、智慧在其中。

生活中，期望我們能夠堅定的面對更多紛亂磁場的人，他們所帶領過來的也許是煩憂，也許是麻煩，也許是複雜，希望我們能夠擁有更多的平靜心靈，幫助他人找到一個可以讓自己的智慧、思路更加清晰的方法。

有些人可能混亂，他自己不知道怎麼做，然後就很急，這時候，你就需要文殊師利菩薩的智慧給予他安定：「先不要急！」一切都是過程，有耐心，就能夠等待到好的結果。

人生要放下才能前進

有的人會問菩薩：形容人生是否用高低起伏來形容？

菩薩說，每個人的人生其實就像是一陣陣的海浪，有長波，也有短波，有往前推進跟往後吸引的一種潮汐的對應。

有的時候前進得很快，有的時候退步得很慢；有的時候上下起伏，讓人難以捉摸。就像海浪，什麼時候浪會往前，什麼時候浪要退了，其實我們都不能預知，也不能夠立刻知曉。

但我們在觀浪的時候，可以用平靜的心去觀浪，當你人身在海中時，能夠平靜體會自己就身在海中，那麼就已經在海中了，又怎麼會知道浪推進跟浪退後呢？

所以人生就是如此，你已經在人生中了，不管現在是往前還是往後，你就是在自己的人生中，享受當下的長波或短波都不是重點，享受在海上的平靜才是重點。

學習著放下，放下過去的憂愁，放下過去的哀傷，不要讓過去憂愁、哀傷的情緒占據自己的情緒太久。

能夠學會控制自己的情緒，讓自己的心靈恢復到平靜，是很重要的。

凡事往好的地方去想，不要去想不好的，不要太過於憂愁，都是改變自己人生最重要的關鍵。

一旦有好的信念，就會有好的運氣，就會有好的念力，促使身邊所有的發展都會是好的情境。

菩薩說，一個快不快樂都會把情緒寫在臉上的人，快樂看得出來，不快樂也可以一目了然，旁邊的人要懂你，很容易；旁邊的人要懂你，也很難。

有時候讓人難以捉摸的原因是：「你臉上的表情，是可以非常清楚來解讀的，但不知道為什麼在這一刻裡，你是難過的？又不知道為什麼在下一刻裡，你又開心了？雖然我可以知道你當下是開心的，可是我不知道你為什麼開心？我可以看見你臉上的悲傷，但我不知道你為什麼難過？」

菩薩希望一個人開心或不開心，可以不讓全世界的人都知道，我們可以學習找到適合的方法來訴說，可以找到適合的對象來傾吐。

你必須學習訴說出來，讓身邊的人知道，讓他們找到方法，可以瞭解你，可以幫助你。

這樣的溝通與訴說，可以減少人與人之間的摩擦，也幫助他人瞭解你。

如果你常常會覺得：「都沒有人瞭解我，都不知道我需要什麼」，還不如你直接自己告訴他們，這樣會減少猜疑，減少猜忌，你也會減少很多受傷的時刻。

我們都不是聖人，所做的每一件事情，不可能都讓大家開心、都讓大家圓滿。

菩薩希望大家盡力而為，不要給自己太大的壓力，一切盡自己的本分就好，讓自己跟身邊最在意的人開心就好。

因為你無法照顧所有人，你不是救世主，沒有辦法把每一個人的問題都拿到你的身上來，去解讀、去瞭解、去解決它。

文殊師利菩薩要給大家的一段話是：希望我們在遇到任何問題的時候，試著暫緩。

遇到問題、困難的時候，先懂得暫緩，不是逃避，而是先暫緩問題，冷靜下來，微笑面對，我們就會找到方法跟答案了。

一個心放寬的人，就會找到解決問題的方法，所以無論如何，不要給自己壓力，就會找到解決問題的辦法。

而這些過程，我們都在學習經歷，也在學習著瞭解。

暫緩不是逃避，只是想要給自己一點冷靜的時間。

面對過去，只有放下，才能繼續前進。

決定勿決斷

菩薩相信每個人都有自己的判斷力，有自己的理智、自己的智慧。

但在做決定的時候，有時候，少了給別人寬容的機會，要他人馬上做決定，其實是殘忍的。

有的人很嚴謹，想做什麼就做什麼，希望別人按照你的方式做決定，不給別人思考的機會，不給別人反悔的機會，因為你覺得決定了就決定了，不要輕易改變，因會亂了你的步伐，所以，拒絕別人有改變的機會。

菩薩希望每個人都可以學習身心柔軟，在做決定的時候，給別人多一點的機會，多一些選項，就算他人忽然要改變也沒有關係。

因為他想要做改變時，可能是想著要讓自己更好，所以，他馬上做了改變。

但有些人可能就會覺得這樣很不好：「跟剛剛的結果為什麼不一樣？你要想

好再決定啊！怎麼變來變去？」

這個所謂的變來變去，也是他想好了，才會做改變啊！對不對？所以，要有點耐心等待他人做到最後的決定。

就算他臨時要改變，就算他臨時不做了，也沒有關係，我們都要學習相信、接受他的決定，因為那可能是他覺得對自己最好的決定。也就是說，多一些範圍、多一些空間，可以讓別人自由翻盤，不要生氣！

做事情不要決斷，要能夠給予別人思考、運用的空間，給予別人發展、發表他個人意見的範圍，不一定是要獨斷、控制、強迫的。

任何的決定都是對的，任何的理論都是可以被支持的。

在心裡面只要是堅定的，你總會找到適合的方法去說服別人的。所以目標確定、任務確定、想法確定，但方法可以運用不同的方式讓別人能夠接受。

怎麼樣運用方法讓別人接受，就變得很重要。

運用你的智慧，去讓別人接受你的想法，這才是真正可以接受的。面對任何事情的對錯，有的時候，不是僅僅止於事件上的安排而已，你必須看見它背後的意義。

有些人在做事情的時候，未必是能夠替他人著想的。你在做事情必須要學習細心一點，為他人著想，否則別人會覺得你不貼心，也會覺得你太過於獨斷或控制欲過強。所以，從現在開始，適時地為他人設身處地的著想，其實是可以幫助你的成就更上一步。

菩薩說，有時候，「固執」用在對的地方，是非常好的堅持。但有時候，固執放在不對的地方，就會變成一種執著，讓人無法靠近，讓人無法相處。擇善固執，應該是今生需要學習的。

選擇好的，對眾生好的，對身邊的人好的，就可以為你減少很多的負擔跟負面的評價。此外，有的人這一輩子，花太多時間在打造美好的名譽，給別人很好的享受。你會給予別人多一些的讚美，但卻忘記了你自己內心真實的聲音，你也需要別人給你肯定、給你讚美、給你相同的回報。

所以，到了年紀越來越大的時候，心裡會產生更多的不平衡：「為什麼我付出了這麼多，所有的好都往別人身上擺？所有的好運都往別人身上停留？為什麼都沒有顧及到我？」

菩薩認為，這個時候我們應該要開始學習：無憂無慮地去想自己要做的，並放下你所謂的堅持。

因為堅持是自己的原則，所以，堅持的原則是可以被自己改變的。

我們所謂的堅持，是可以隨著自我的心念、自己的心意、自我的快樂、自我的想法與念頭，隨時做改變，而做事還能夠堅持到底。

你要學習寬心快樂，要堅持為自己帶來快樂。為了快樂，堅持到底。

接受他人的改變，也是一種學習寬容的過程。

放下執著的苦

在菩薩眼中，一個非常固執的人，有著自己的想法跟意見。但是在經歷苦痛之後，一段磨合下來，會發現自己改變非常的大，願意聽別人的意見，願意接受別人不同的想法。

菩薩說，這就是學習之後，人的內心變得越來越寬容了，知道很多事情不是只有單一的做法，還可以給別人很多的想法跟肯定。

菩薩希望未來的每個人，能夠繼續堅持「心寬，福就會來」，心認同了某些事情就會有更多的貴人相助。

這一路走來，很多人為家庭犧牲了，沒有了自己的需求，委屈了自己，菩薩都看在眼裡，也知道在很多人的心裡面，有時候會覺得很苦，所以跟菩薩訴說著。

人們說的那些苦，菩薩都知道，菩薩護佑著我們，也認同著我們，一定可以經歷這些難關，一定可以在菩薩的守護下，成長茁壯。

菩薩說，如果我們可以放下過去的執著，開始願意嘗試聽別人的意見，做一些修正與改變，這是人生很棒的禮物。

從小到大，每一個人都很辛苦，學習放手給別人去做看看、試試看，也是一種成長。

人總是在體會到自己的累後，才覺得不得不放手了。

菩薩說，有很多的痛苦，都是在經歷不能得到之後，必須強迫自己放手的。

當你願意給別人一點機會，願意給自己聽看看、停下腳步去瞭解的時候，相對的，就擁有更多的機會跟更多的美好，以及更多的關懷、助力的能量。

菩薩說，所有的美好轉折，都在於個性的轉變，因為態度的改變，而讓自己在往後的日子裡越來越好命。

過去的你，可能個性很執著，對於一件事情，一定要按照你自己的方式完成它，如果你曾經是這樣的人，菩薩希望，為自己做一些改變吧！

試著聽聽別人的想法，試著改變自己的做法，你的人生會呈現更多不同的版圖，會有更多的因緣具足，會有更多的貴人出現，而不會有太多的阻礙。

但是，當一個人不願意接受變化、改變時，其實是限制了自己的發展。

所以，菩薩希望每個人都可以擁有更多的寬容、更多的範圍去接受沒嘗試過、沒接觸過的事物，讓自己帶著學習的心去接觸它們，能夠有所學習，有所領悟，如此，便能成就你人生當中更多的圓滿。

菩薩說，要改變一個人的個性並不容易，因為每個人都有自己的執著、自己的想法，對於事情有很多自己的做法。

別人要給予你一個好的方法或快速的捷徑，你反而不接受，因為你有自己的想法、自己的選擇。

所以要改變你，一點也不容易。

如何能夠放下這些執著，讓自己用快樂、順利的方式生活著？

其實，有很多時候是需要適應別人的想法，順應著別人的做法，減低自己的麻煩，就可以造就生活當中很多的方便性。

如果你願意多聽一點、多看一點，也許，自己就不會有那麼大的壓力了。很多事情若太過於執著，或打破沙鍋追問到底，都只會讓自己的心無法平靜下來而已。

當你知道答案，又如何呢？當你不知道答案，難道就不能前進了嗎？有些事情，既然已經發生了，它就應該是沒有答案的了，也沒有辦法再讓你重新追溯那個結果「為什麼會變成這樣子」的。

人生要學習的是不斷地向前進、往前看，而不是一直不斷地回首、去探求別人給你的答案。

要放下對於別人的執著、逼問別人的習慣，以及想要找到你內心一定要找到的答案。

放下這些執著，才不會讓別人跟你相處時倍感壓力，也不會擔憂講錯話時會被你誤會、解讀成別的意思。

所以，學習如何讓別人跟你相處起來是輕鬆的，是可以任意做自己的，是可以想說什麼就說什麼的，而不會被你刻意地解讀成誤會的話語。

菩薩希望每個人都能夠學習放鬆心情，學習自在。

很多事情，不要執著於一定要有所改變或一定不能改變，也不要執著於自己的感受是真實的。

有時候，放下一些固我的執著，放下一些舊有的陳見，也許是展現新生命、新生活的開始。

能夠接受別人所給予你的意見，它就是一種新的成長、新的領悟。

盡量放下自己的主觀意識，盡量學習看待、感受別人的感受，這對你來說，會有更深一層的領悟。

用心去思考，在人生這個階段，對你來說，什麼是最需要的?

有的時候，放下一些執著，讓自己有重新思考的機會，讓自己展現新的力量，去嘗試從未嘗試過的東西，是一種強制學習的過程。

強制學習，是強迫你成長，強迫你面對，讓你無法逃避。這對你來說，是訓練你的勇敢，訓練你的堅定。

若一輩子都不敢去面對自己想要面對的問題，這個問題會到年老的時候出現，這對你來說，反而是很大的殺傷力。

所以，現在就該開始訓練自己：該面對的就面對，不逃避；該放下的，不執著；該成全別人的，不主觀。

這對你來說，會是一個很大的成長課題。

控制

控制個性，控制脾氣，一直都是我們人生當中最重要的課題。

如果可以把一個人的控制欲放在堅定的意志力上，控制自己的脾氣，控制自己想要的想法，一定可以把很多事情都做得很好。

一個人的執著，如果可以把它用在對的事情上，那麼，對於對的事情一定有很大的助力。

菩薩希望接下來的日子，每個人都可以把對的能量放在對的事物上面，讓它們事半功倍，讓它們達成自己人生當中最想要的目標、最想要做的那件事。

人對於很多事都會產生控制欲，例如，對於環境的控制，對於工作上的控制，對於生活品質上的控制，對於自己人生各方面的控制。

當你能夠學習放掉這些控制時，你才會發現，人的靈魂是自由自在，而不需執著於我要在當下操控什麼。能夠更加地歡喜，更加地體驗快樂，這才是你放掉控制、接受環境給予你所有回饋裡最重要的一個使命。

做事嚴謹，有時候會給別人帶來過多的壓力。

學習不要求太多，不要過於壓抑，然後，不要控制別人。

學習放輕鬆，許多事情，不要都逼得那麼緊，也不要什麼都要搶著做。

有時候，給別人學習的機會，也是給別人成長。

菩薩希望，在未來的日子裡，我們都要學習放輕鬆。

你有沒有發現，你擔了很多的責任在身上？

那個人怎麼樣、那個人吃什麼、那個沒做好、瓦斯關了沒、那個費用繳了沒，什麼都要擔心，有沒有覺得自己很像八爪章魚？

你一個人到底要扮演多少角色，來把所有的事情都弄好？

累了！要休息了！

放手讓別人去做看看也是一種學習，你不可能永遠是萬能的。

人生順著走

做事講求條理，做事要求規矩、規則，這是很多人在人生當中最重要、最在意的事情。

試著偶爾放鬆自己，給別人沒有限制的選擇，也沒有嚴格的規定，不用時時盯緊看，不用隨時叮嚀別人該做些什麼，這對你來說，人生也是放鬆了。

菩薩說，背了一輩子的責任在肩頭上，應該適時地把肩頭上的責任卸下來，讓自己喘口氣，讓自己不要再那麼辛苦。

很多時候，做事情都需要有安排，安排了，就要按照步驟走。如果安排了，卻不按照步驟走，又怎麼樣？

有的時候，繞了一條路，欣賞了沿路的風景，再回來原地，還是到了，所以要放寬你的原則。

放不寬你的原則，痛苦的不是別人，因為他走在自己的路上，他根本不知道有什麼不好。但是，因為你知道路徑，你會覺得別人不走在你的路徑上、無法控制，你是痛苦的。所以，痛苦的只有你自己，別人都不會有痛苦。

如果可以的話，試著放寬，不要限制別人，他總會到的嘛！總會到的，到了就好，你不用生氣，不用擔憂，也不用憂愁他到底到不到得了。沒關係，他總會到。

但你自己的部分呢？你知道自己該怎麼做就好了。不要去規範別人，也不要去限制別人。

當然，你很義氣，別人若需要幫忙，你會很義氣的幫別人。

但有時候，承擔別人太多事，也是不應該的。因為他需要靠自己學習，他才能夠成長，你幫他做好了，就不是他學的了。

所以要能夠有所分別，可以幫忙就幫忙，不能幫忙的要學習放手，讓他自己去做。

有堅強的意念、原則、堅定的想法，也知道自己要做什麼，是可以完成自己想做的事情。但若每一件事情都這樣按照條列式，不容許中間有出錯的話，這會帶給你自己壓力，別人不會有；這也會帶給你自己痛苦，別人不會有。

所以，做事情有原則是好事，但有時候，這個原則是可以變通、變化的，是可以移來移去的。

為什麼不能夠給別人一點點方便？這也是給你自己方便。另外，放柔軟一點，多在意一點自己的感受，而不是在意別人的感受。

你太在意別人的感受，就會看見別人的眼色不好，就會改變自己去迎合別人，那麼，這痛苦到底是你還是他？是你！

因為別人不會有感覺，不會覺得你為了他而改變。而痛苦的是你，你就會承擔很多。然後慢慢地，你會為了別人的喜怒哀樂而活。

如果不是你可以控制的，你就會產生很大的痛苦，因為你不知道今天的快樂是為了什麼？今天開心一點，就是因為別人對你多笑了一點，而不是你自己真正的快樂。

人生有很多的抉擇，都是自己找苦來吃的。因為人有很多的原則，促使著自己一定要堅持某些原則，不能夠破壞自己的原則。

所以，當那個原則一出現時，便成了規範自己做選擇的限制。

當一個人沒有原則的時候，他不見得是沒有限制的，他是能夠隨著環境的變化，隨著因緣際會，而能夠有所轉圜，能有彈性來接受這些變化的。

一個有原則的人，若也是可以接受變化的，他就可以適應這個社會，順應這個環境，而得到適切的生存。

在人生當中，吃盡了苦頭，是為了要讓你知道，生活並不容易。

但在生活與現實取捨之間，有時候，你還是不太能看得清。

菩薩希望你能再更清楚地知道自己想要的是什麼，能運用自己的能力，而不被利用，展現自己的生命力，找到適合自己的角色定位。

我們每個人都需要為了生活努力著，堅持著。

不輕易被影響就能無敵

在面對人生的道路上，偶爾會遇到不美好的過程，有時候會遇到不愉快的合作。在這些矛盾當中，能力上的取捨，跟利益上的交換，是一種很難選擇的課題。但無論如何，如果我們可以選擇放下最在意的，那麼，就沒有任何東西傷害得了你。

當你最在意的，一直都放在心中，任何一件事情只要跟你所在意的事情有所牴觸，都可能讓你受到傷害。

所以，當你不在意，並能夠學習放下的同時，你就是無敵。

人生的道路上，有很多的功成名就，有很多利益的吸引，如何能夠在兩者之間，取得其中平衡的點，是我們面對人生最大的課題。

究竟是要成就？還是要生活平順？還是要有豐收的名利成果？這些都考驗著

我們的智慧。要能夠堅定腳步，站在我們應該要有的位子上，內心是堅持的。

不貪不是你所需要的；不貪不是你所想要的；不領取你所不應該擁有的。

菩薩認定你是一個不貪、不容易被慾念動搖的人，就會對你有很多的正面感受及支持，希望這些力量在你心裡面依然滋長，成為心靈的種子，不管在你未來遇到任何跟利益、名譽有關的事情，都能夠秉持你的初發心，不貪、不欲、不念、不妄想，才能夠成就你未來人生的正直與美好。

在生活的部分，菩薩希望我們擁有更多的勇敢，更多的寬容，更多的微笑，更多的努力，讓我們的人生，有更多的快樂跟微笑的因子。

不管做任何小事，都能讓我們盡情開心，無憂無慮地綻放笑容，只要不輕易地被慾念所影響，那麼，就能訓練自己更加無敵。

不要計較吃了虧

菩薩說，對於很多事情都很計較的人，這樣的人同時也很害怕自己吃了虧，害怕別人傷了自己。

在這些過程中，其實有很多的煎熬，有很多的矛盾。在自己跟別人的利益當中，要如何做取捨，都想了很多。

後來你會發現，其實，選擇自己想要的，竟只是在當下的情緒、感覺，以及當時的氛圍而已。

菩薩說，有很多的決定是難以抉擇的，有了利就會有了弊，有了弊就會有了利。

所以，什麼樣的抉擇對你是最好的？不用想太多，就是當下那個心情。

有時候，我們會想到很多其他的問題，考慮很多，但其實不要想那麼多。

你只要想要，就是想要就好，不要想到太多利益上的問題，或可不可以。

很多事情不一定要以利益為最大考量，也不用去計較自己是否吃虧了，就是內心想要，來增強行動力，因為想要，就去做了。

美好的安排與經歷

菩薩說，人們要擁有更多沉穩、穩定的力量，要對自己更有自信。

做任何事情，只要是為對方著想、是利益眾生的、不是自私的，都可以盡情地去做自己想要做的選擇。

讓自己更有自信，才能夠把事情做得更好。

努力、盡心地安排人生中的所有美好，做任何事情之前，都要想到：「我在做這個決定的當下，是否能顧及到他人的感受？」而不是主觀的只想得到自己想得到的。

當然，對他人所感受到的顧及太多，也會失去自己的本分與自己的主觀意識。如何在其中取捨得好，就是你的智慧了。

照顧好你自己，貼近你自己的心靈，找尋真實的自己，傾聽靈魂對於愛的渴

望，讓自己的心靈擁有真正的愛，而不是想著如何去填滿你孩子的愛、你身邊人的愛，是要如何找到你自己真正想要的愛。

自己想要什麼？自己最清楚，我們都要學習能夠清楚的表達自己想要的愛。

譬如說：「我也希望他人多關心我，希望他人多愛我，希望人家買東西的時候，會想到我」，這些希望被在乎的感受，要能夠學習表達出來。

人生中，在做決定的時候，盡量可以再多想一點。事情總是有一體兩面，想清楚再做決定，不要衝動，不要只朝自己的利益去想，也不要只顧他人感受而失去自己，不要主觀的認定你想的一定是對的。

多聽聽別人的意見，多看看別人的腳步，多加強自己的行動力，才能夠確立人生是美好的。因為所有的美好，都始於足下。

你願意做，一切的美好就會開始。

菩薩說，相信自己的決定一直以來都是最好的。

而人生當中所要承受的，未必只有生老病死，還有愛別離、生死苦這些。

一定要懂得愛你自己，為最主要的優先選擇。

人生有很多的選擇，只要你快樂，就是最好的選擇。

人生有很多的道路，必須要在當下做出決定。

只要你的心直覺要做什麼，就去做，那就對了。

做任何事情，一定要學習自己做決定，自己承擔結果，不要害怕結果不如預期，要擁有肯定自己的自信。

只要計畫好了，就向前執行，不需要太過於害怕、恐懼。只要對自己有信心，成功的機率絕對大過於你能想像的。

自我的價值

事事都應該要往自己內心的想法，去做一個真實的探討，真實的瞭解自己：真的是這樣個性的人嗎？

當別人對你有所評價的時候，你應該要仔細思考的是：我是別人口中那樣的人嗎？

如果你不是，就不要活在別人的字句下，不要活在別人的心心念念下，期望達成別人想要你成為的那個樣子。

你可以選擇過自己想要的生活，你可以呈現自己想要的形象，你可以選擇自己要的方式，一切操之在你，而不是操控在別人身上。不要期待自己能夠變成別人所期待的那個人，別給自己太大壓力。

菩薩說，人生就是一直不斷地去接受、接受、接受，然後寬心放下往前走。

接受別人給你的安排，接受別人對你語言上的霸凌，接受別人對你職務的安排，接受別人對你的肯定與讚美。不斷地接受，而不反抗；不斷地接受承擔責任，而不說不。

太過於軟弱的情況下，有時候會讓別人占你便宜，有時候會讓別人欺負你。但這些都是你覺得不要跟別人爭辯所帶來的平靜，因為你只想要平安、平靜、順利就好。這樣的心態沒有錯，也很好。

但不管怎麼樣，未來的日子，有時不一定要用無求與接受來面對。

你可以有一些些小小的抗爭，而這個抗爭是因為你想要做出改變，你不想要再接受同一個人的指使，不想要再接受同一種安排，你想要嘗試不同的人生，所以，你可以開始選擇不接受別人幫你安排好、既定的事項。

遭受痛苦是必然的，學習做抉擇是一種訓練。如何在取捨之間得到你最想要的，如何在選擇之間做出最適合的決定，都是在考驗你的心念。

你需要勇敢，需要堅定，需要更能知曉別人的需求，而不失去自己。

在做決定的當下，有時候，不是因為你是你，而是因為別人需要你做決定。你無法再說苦，你無法再說痛，因為你必須要承擔這個重擔，才能夠擔負你今天所肩負今生的責任與課題。

繼續地勇敢，繼續地堅持下去，繼續地做出你該做的抉擇，訓練自己的決斷力，而不有所逃避，就是你今生面對工作、家庭、親情最重要的訓練。

在做任何選擇的當下，都是最好的選擇。選擇過後就不後悔了，因為這就是我當下需要珍惜的。

時時懷抱感恩的心，時時創造自己的幸福，願意給別人機會，也給別人展現付出及給當下那個人多一些肯定，這對你是減輕壓力的開始。

當你願意讚美別人的時候，就是給予別人責任感；當你願意肯定那個人的時候，其實，也為你卸下了某些責任。

不要什麼事情都擔在身上，試著放下，試著交給別人做，學習信任他人。

迎向陽光的力量

●堅持善才能過關

相信自己的善良，一直不斷地促使自己，一定要選擇過更好的生活。

菩薩知道每個人都非常的辛苦，有很多的苦痛跟挫折。

在抉擇之間，讓你產生了很多的質疑，質疑人性也好，質疑生活也好，質疑命運也好，其實菩薩都知道，但我們還是要努力的過那一關！

為了你自己的勇敢，你應該要開心，你應該要喝采。雖然，未來還可能會遇到更多的問題，但你知道，你自己會越來越勇敢，越來越堅強。

菩薩希望人生中有更多的穩定，心情能夠越來越開朗，開朗就是一種助力，一種迎向陽光的力量。

每個人的努力，菩薩都會看見。

有的人很努力的完成了自己的工作，照顧著自己的人生，照顧了自己的家人。很努力地從內化開始，從自己本身做起。

能夠改變的，每一件事情都會砥礪自己、督促自己，讓自己不斷地向前進。

但如果可以放開你的心，與人有更多的接觸，有更多增加合作或相處的機會，可以讓你的人際關係越來越好，讓你打開心，跟人交流的話題也會越來越多，如此，你的人生會更開闊，得到的新知會更多，擁有的助力也會更大。

菩薩說，生活當中的種種變化，其實不是困境，也不是一種磨難，而是為了要訓練你在適應各種變化的當下，能夠瞭解、體會他人在生活當中的種種困難，也才更能感同身受別人所遇見的苦。

當你到新環境，遭遇到很多的困境，有很多的不適應，可以想見的是過去的美好。

當然，未來的你可以有更多不同的選擇、不同的嘗試，去豐富你的生活。切記，菩薩一直都在你身邊。

菩薩希望你努力地去學習，努力地接受，努力地適應，努力地嘗試各種不同的文化，去聆聽不同的聲音，讓這些元素來圓滿、美滿你的生活。

打開你的心，去接受這些與眾不同的變化；打開你的心，去接受所有的可能，你會讓自己感受到自己的蛻變，你會變成更不一樣、更寬容、更快樂的一個人。

●期待美好

菩薩說，期待著人生可以出現許多的美好，為了自己的美好，我們都必須要有很多的努力與付出，而這些辛苦，別人無法看見；這些付出的過程，只有自己才知道。

這一路的成長，不是偶然，是經過努力的。只要你努力過了，就可以很驕傲的跟菩薩說你很努力，因為菩薩認定你真的很努力，菩薩會給予支持的力量，讓我們越來越好。

一個人是善良的，從來沒有要占別人便宜。菩薩說，光憑這一點，菩薩便會好好的護佑你有著順利的人生，有著更多美好的期待，就算經歷了苦痛，內心依然期待著美好，永不放棄。

而人生當中，有很多不得已要做的選擇、不能做的選擇，在必要的當下，我們都還是要硬著頭皮去做必要的選擇。

菩薩無法改變人的原因，是因每個人都有自己的課題，有自己的責任感。我們肩上所背負的責任，以及不能推卻的義務，都是希望我們更加勇敢、堅定，才能帶給身邊的人幸福。

菩薩希望每個人在做任何決定的時候，能夠看顧一下身邊愛我們的人，他們也許受傷了，也許難過了，我們要給予強大修復的力量，承擔起來，讓他們可以過得更好。

如果可以，我們要站在保護家人的立場，為家人付出想法、行動，多為他們設想一點，也可以多給他們一些愛的關懷。

其實，在這條修行的道路上，感情、婚姻、工作、修行，是步步艱難的。

我們認真的學習，從生活當中不斷地體悟，得到了很多的智慧、想法。也許有很多的委屈，很多的受傷，以及很多的不平跟憤恨，但我們總能夠顧全大局，展現了自己的想法。

不管這個想法、做法能讓別人有什麼樣的看法，這些都不重要。最重要的是：「我在這個生活當中，我到底想要得到什麼？」這才是最重要的。

所以，未來的我們，不用再去在意別人怎麼看待我們，做我們自己想做的，那才是真正對我們自己最好的選擇。

心中勾勒了美好的藍圖，有了目標，我們就可以前進，不管途中有任何困難，我們都知道，這就是人生，這就是考驗，每一個人都有，我並不特別，那麼，這些訓練，就是讓我更有勇氣、更有智慧的訓練過程，當我接受的同時，也迎向了美好。

心想事成心念在

心想事成，表面上看起來好像是一個夢想的字句。但是菩薩認為，「心想事成」是一個念力的推動。

只要你想，你就有足夠的念力，可以讓這件事情成功。

用你的念力，讓自己的人生更加地圓滿豐富；用你的念力，讓所有的事情都有個美好的發展；用你的念力，讓所有的事情會有奇蹟般的發生、美好的轉變。

那都是因為，驅使於念力，始之於念力，成之於念力。

人的念力是非常強大的，所以如果可以，我們要時時為他人祈福，時時擁有好心念，讓我們身邊有正向、幸福的能量。

一切都是從心靈開始出發的，所有的好與善也都出自於一個念頭。任何的念頭，若有好的開始，便會有好的結果。

所以，菩薩希望不管發生任何事情，一開始就用好的念頭去想。

事事尋求安心，只為自得自在；事事尋求順利，只為一切圓滿。

做人做事，其實都求真，都求帶一個真，真心的對待。

當有真心對待的時候，很多事情就能迎刃而解。

當很多事情都能真心對待時，就能夠順利的遇到貴人，遇到困境的時候，也會有貴人相助。

遇到困境時，真心對待他人，會變成一種更有力的利器。

行動力與生命力

努力開啟動力，有動力就有執行力

菩薩說，跟隨著菩薩學習，我們就能慢慢的在這些學習成長的課題當中，檢視自己。

這樣的檢視與反省，是反覆的練習、反覆的反省，這是難能可貴的，因為很多人都只會反省他人、檢討他人，卻忘了反省自己。

人們都喜歡成長，喜歡受人肯定，心靈能夠有所成長，菩薩也能欣喜。我們一直不斷地在成長，累積成長的智慧。

未來，我們會有更多的進步，也會有更多的空間，去讓自己嚴謹的學習，督促自己繼續學習。

努力精進，改變自己的生活，然後持續地在生活當中發酵著。

這些成長的過程，是很大的助力、很大的動力，讓我們有目標、有所學習，並產生更大的助力。

菩薩說，人努力的空間其實還有很多。

例如，改變自己的個性，改變自己的態度，學習做任何事情都要更積極一些，不要逃避，不要推卸責任，不要懶惰，還要更加努力的去完成自己的夢想，這樣，你才會發現自己的價值跟潛力。

做事情有了心，也要有動力。心中所想的事情，我們要用行動力轉化成真正的執行力。

很多人很會規劃，很會想，但是就是欠缺執行力。

如果願意去做，願意去接受挑戰，願意去讓自己有機會接觸不同的人生風景，便會有更多不同的經驗與收穫，也會更加積極、認真的去為自己爭取些什麼。

未來，依舊要擁有非常強大的行動力及執行力，去完成自己人生的美好，並努力去爭取你心中真正想要的。

菩薩希望我們在面對任何事物時，都能夠再積極一點，不要逃避，不能偷懶，不要視而不見，不要遇到不想處理的事情時，就把問題擺放著。

把問題擺放著，很多時候會錯過最佳的時機、最好的選擇。

所以，希望你遇到問題時，能夠立即做決定，立即去做更正，你的人生才會有更多的行動力與支持，來創造出你最美好的人生。

凡事不要等，要及時。

做任何事情，要優先考慮到「周全」，不見得要成全他人，但是，周全是最重要的了。

●穩定自我才有智慧

做事情之前，都要先想到別人；做任何決定之前，都要想到事情是否有計畫。

有了計畫，再去執行；有了計畫，便要用行動力去證明你是對的。

光說是沒有用的，必須要用行動力來證明一切。

文殊師利菩薩說：「增加自己的智慧，穩定自己的磁場，更堅定自己的心念，可以讓未來發光發熱。」

心中所堅定的，一直都在心中。心中想要做的事情、想完成的夢想，不能夠只放在心中，而是必須身體力行、放在行動力上去完成它。

一個積極、有行動力的人，就該給自己設定一些目標，讓自己更有學習的機遇，讓自己有學習的動機，來完成更多人生的課題。

學習增長智慧，讓自己多嘗試、多冒險。樂在其中，會得到更多安定的力量。

心中有很多美好的畫面展現，它必須用力量去展現生命的美好。所謂的力量，就包含了你的行動力跟你的生命力。

很多事情，抱持著生命力跟行動力，就能夠在別人不想做的當下，讓你捷足先登，讓你先把事情做好，而呈現出美好。

生活當中，處處有不美好的展現，要怎麼樣去面對這些不美好，就要看你的智慧了。讓自己在接受這些不美好當中，還能夠帶著僅有的美好。

人生所有的美好，都在於展現自己的生命力。

對於很多事情抱持著不願意退縮的這種熱情，可以讓你在生命當中時時學習到、觀看到別人的需求，時時瞭解到別人的需要，這是一種美好，也是一種慈悲。

身上盡是這些美好，在未來人生當中，可以用這些美好、這些慈悲，繼續照顧著你身邊需要照顧的人，繼續用你的熱情、不退縮的情感，圍繞在你喜歡、在意的人身邊。

擁有堅強的生命力，擁有家人給予的愛與包容，在這些成長的過程中，越挫越勇，堅毅不屈，努力地朝著旺盛的人生道路，展現自己生命的意志跟鬥志。

苦樂參半的人生

人生當中，有很多苦樂的成分都是參半的，快樂一半，苦痛也是一半。

在你的生活當中，如果快樂一直都沒有辦法切實地展現，是因為你一直無法打開你的心，無法真正地快樂起來，無法再相信他人。因為擔心受到傷害，所以，會想要保護自己，便自顧自的就把自己封閉起來了。

這樣是十分可惜的。

人生是苦樂參半的，快樂一半，痛苦也一半。

痛苦的那一半，可以把它放下；快樂的那一半，可以積極地去爭取，積極地享樂。

要做一個懂得快樂的人，而不要做一個時時悲傷，總是在檢討、反省自己的人。

檢討、反省要適宜，如果過度，就只會把所有的責任都攬在自己身上，間接的也可能造成別人的無能。

學習找尋方法，可以讓自己快樂。

有時候，你還是會害怕別人解釋你的作為，解釋你的想法，怕別人在你身上下註記、註解，但是只要你夠勇敢，不管別人說了什麼，都無法再傷害你自己。

這樣開心的你、快樂的你，可以繼續成長著，在未來的生活當中，繼續快樂，繼續美好，不會懈怠。

有些人從沒有自信，到現在擁有自信、快樂，能夠找到自己生活當中的定義，菩薩看見每個人的成長，很用心、很盡心。

接下來的人生，也許還會有一些挫折，還會有一些挑戰，但不要忘記，菩薩在你心中所奠定的智慧基礎，可以幫助你思考，並能夠更積極正向，讓你的人生遇到快樂的事情時，能盡情的快樂；遇到悲傷的事情時，不會被打敗、不會抗拒挫折，而能更加的勇敢，更堅定自己的善心善念，穩定自己的心意，來面對困難跟挑戰。

未來做事情，要更有自己的風格，更有自己的創新，最重要的是，要更有自信。

有了自信，在做任何事情上，就會有自己的力量，有自己的力道，有自己的見解，有自己的想法，別人也會給予尊重。

越有自信，所做的事情就會越好；越沒有自信，在擔憂害怕的情況下，事情就會做得更不好。

要擁有滿滿的動力，做事遇到困難挫折時，不要低頭，也不要喪志，要給自己更多的肯定，以及重新開始的機會。

能夠檢視自己走過的每一條路，檢視自己所做的每一項決定，知曉這是成長必經的過程，這是蛻變之後，必須要承擔的。

當你決定要做一件事情時，就必須想到，在做完這件事情之後，所要呈現的結果，所要承擔的責任。

在承擔這些責任的背後，需要更多的勇氣，需要更多有規律的計畫，來幫助你找到未來執行的方向。

確定目標，是非常重要的，因為人需要有目標來幫助自己前進。

在確定目標之後，凡事就能夠積極地執行。要增強自己的執行力，讓未來的生活能夠更好。

展現決斷力

在面對事情時，展現自己的決斷力與剖析能力，是非常重要的！

有因一定會產生某些事情的結果，當你在看一件事情時，如果你可以從中仔細判讀、解析當中的脈絡，事實上，很多事情都逃不出你所預有的規範與預計的結果。

因為你懂得瞭解、理出每一個人在做事的態度，以及事情發展所產生的結果，並能夠掌握了。

也就是說，對於這些事情的發展，你是有高度敏銳度的，如此，就必須運用你的敏銳度，去看見還沒發生問題當中的問題。這是上天賦予你很好的能力，讓你能夠洞察先機。

所以，你必須要擁有決斷力，去洞察先機，先做決定。用理性的態度，用仔細剖析的理性想法，去看、去做出對你工作及生活當中最好、最適合的決定。

做事要獨斷，要有決斷力，要有足夠的智慧去判斷。

有的時候必須這麼做，就要有堅定的意志來告訴自己：這是必經的過程，是必須要做的決定。

不要軟弱，不要輕易放手，是為了要增強你的心念，讓你更勇敢。

你會發現，為什麼會出現這樣的課題？為什麼這麼殘忍，讓你這樣去面對？是因為你可以，所以才給你出這樣的課題。

為什麼要這麼艱難？是因為你可以，所以菩薩才給你同等能力的考題。

可不可以拒絕？可以！當你學好之後，就可以拒絕了。

但是，當你學不好的時候，或是需要再多一點智慧，再多一點平靜，那你就要先安定自己的心，就可以找到解決問題的答案。

如果你能夠自主判斷，可以擁有更多的勇氣，可以自我做決定，可以規劃自己的生活，也知道什麼事情要如何應對進退，那麼，你帶來的勇氣，絕對會創造你人生當中更多的美好。

可以擁有的，堅持下去，讓好的緣分能夠長留陪伴在你身邊；不應該擁有的，斷捨離，讓這些不好的緣分都能夠遠離你。

無論如何，都要學習照顧自己，先把自己照顧好，其次，才去照顧別人。照顧好自己之後，如果還有很多的時間、力氣，可以給別人愛的時候，那麼，你不會吝嗇給別人愛跟關懷的。

越來越勇敢的你，繼續勇敢，繼續忍耐，繼續堅持你自己想的、認為對的。

菩薩認為，從過去到現在，人們只要願意勇敢，就可以展現勇敢。

這樣的勇敢是對自己負責任，也是為了讓自己不覺得苦而做的決定。

寬心自在，順應人生

●正向能量對抗挫折

做任何事情，說任何話，一定都要正向；做任何決定，相信一定都有著上天安排的最好的結果；在當下所做的決定，都是最好的。所有的事情都往正向的方向去想，都往正向的方向去做，你的人生會帶來不可言喻的美妙。

菩薩希望你多去做會讓自己開心的事情，什麼都要往好處想！

人生當中，本來就會起起伏伏，會遇到很多的挫折、困難。絕對不能因遭受挫折而被打倒了，不能因為眼前的短暫困境而讓自己的心迷惑了。

唯有堅持到底、堅持善、維持正向，才能讓我們有繼續活下去的動力。

人生的課題還未結束，不能夠輕易的想要回家。因為每一個人要承擔的責任都不同，只要還沒到結束責任的那一天，我們都要戰戰兢兢、勇敢堅持下去。

生命中，能夠讓我們繼續堅持的，都是美好的事情。上天所安排的，也一定是最佳的安排。

所以，順著這個流走，順著這個人生走，順著所有的安排走，這不見得是逃避，不見得是推卸責任，有的時候，只是讓空間放大，讓心量放寬，讓美好的事情進入心裡。

你做事情按部就班，有自己的方法，是可圈可點的。你在自己的工作崗位上盡忠職守，這是對自己工作負責、認真的表現。

在生活當中，運用智慧，讓生活與家人更加圓滿，這都是人生智慧成熟的展現。

菩薩予以肯定，給予你很多的支持，希望你可以繼續堅持，莫忘初衷。

菩薩希望你繼續堅持下去，未來的課題，也許還很多，你會發現，身邊的人也許會越來越依賴你，但不要忘記擔起那個責任，這些責任是因為你是你，所以才給予你。

所以不怕苦、能夠承擔，會讓這些苦跟這些痛，變成更多的福圍繞在你身上。

人為了求生存，汲汲營營地在事業上、生活中奔波，是很正常的。

但是，如果生活中，永遠就只剩下財務，只剩下事業，而忘記了親情，忘記了生活的本質，是有點可惜的。

當然，生活當中因為產生了某些問題，所以花了比較多的心思在處理這些事務，這也無可厚非，但不要忘記，生活裡真正的本質是什麼！

它有很多生活的情趣、生活的樂趣，以及存在的價值。

如果生活只存在財務、事業、官司與錢財，那麼，人生就會變得毫無意義。

在追求這些得失、是非、對錯之間，只會讓人有被掏空的感覺，覺得越來越累，然後，在年紀增長之後，會開始想：「我們想這些到底是為了什麼？追求這些、平復這些、爭取這些，到底是為了什麼？」人會覺得更累。

所以，試著開始找回自己的中心價值，很重要。

菩薩希望我們學會觀看自己的心，如果你真的渴望某一份情感、某一種感覺，或是某一個你想要的職位，你應該要訓練自己要夠勇敢，才能夠堅持到底。是你想要的，才去爭取；而不是因為別人有，你才想要。是因為這個東西是你內心期待已久的，你才想要，你才執著去做。

很多事情，當你在做計畫的同時，不是去看這是不是別人的希望、喜歡的，而是要看當下的你，是否真的希望、需要這個部分。這樣去檢視你自己，才不會苦了你自己。

否則，過於好強、不想服輸的心，有時候，只會讓自己陷入進退兩難的境地：這好像不是我真正想要的。可是，大環境與別人對我的評價，會逼著我一定要去拿到這項東西。

這對你來說，是一種情緒上的壓力、一種虐待，因為你心裡根本不想與別人爭，那麼，又何必要強迫自己去當一個好強的人？

學會觀看自己的心，並擁有正向能量，可以舒緩自己的壓力，也可以讓自己更加的勇敢、堅定。

●凡事沒有對錯，凡事學習接受

面對生活中所有事情的發展，我們都有自己獨特的見解，也有自己獨特的看法，試著表達出來，讓別人知道也是好的，多一份瞭解，也可以多一份認同。

但是，有些人是不敢發表意見的，便由他人來發表。由他人來說出別人所沒有指出的點，是好事，這時候，千萬不要嫉妒他人做得比自己好，因為他們的勇敢，讓他得到了肯定與讚美，這是應該的。

面對不同的意見，對於別人沒有發現到的問題、沒有看到的、沒有經歷到、沒有設想到的點，要用委婉的方式把它們帶出來，讓別人接受。這就是一種方法，是一種智慧。

而要用什麼樣的說法，讓別人可以接受，而不直接拒絕別人，不直接數落他人，讓別人也能用這樣的心念想到這個問題點，是非常重要的。

所以，帶領別人的思路，是在追求事業上的功成名就很重要的一個依據。

帶領別人來想到你所想到的那個面向，引導他們，他們才能跟你站在同一陣線上，感同身受，看見問題。

否則，往往是你看見了問題，別人不能跟你同心，也會讓人覺得你多此一舉。要怎麼樣才能讓你的想法跟計畫，可以引導他們，讓別人跟你同步執行，就變得很重要。

在生活當中，有些事情，也許是有些挫折的；在溝通上，也許是有些困難的，這些，都需要耐心傾聽，而不先發表意見。

因為生活跟工作是兩個截然不同的東西，要理性的看待工作上的事物，也要理性的看待生活當中的事情。

理性看待生活當中的事情，要多帶一點情感、少帶一點情緒，不懂的就交給另外一半，或暫時不處理，要給他人處理與表現的機會。

接受自己不如別人，也是一種認識與成長。

很多事情，沒有對錯，只有做法是否適合你自己。面對不同的意見，要多包容，遇見比你強的人，一定要多學習與讚美。

●謹言慎行求完美

菩薩說，希望在做任何事情的時候，每個人都能夠謹言慎行，不要參與過多的意見，否則，很容易遭受別人的批評。

當我們聽進他人的批評之後，就會很在意別人對自己的批評，然後放在心裡面，讓自己產生很不舒服的感覺。

所以，希望做任何事情，都能夠平順、平靜，不要再擔別人所做事情之後的原因及後果了。

不要幫別人做主，不要幫別人承擔後果，讓那個人自己去做決定。

任何人的經歷都是一種成長，任何人的分享都是一種智慧。所以，不要去牴觸別人所認知的，不要去批評別人的想法。

樂於接受，樂於寬心地去看待，以及樂於跟他人做分享，這都是一個智慧的交換，也是共同可以學習成長的機會。

很多事情實事求是，並非錯；很多事情做事嚴謹，也不是你的錯。

所以，當你聽到他人對你的批評，例如覺得龜毛、覺得謹慎，這些其實是好的，不要在意他人把優點變成缺點在評論。

一個人做事嚴謹是好的，不要因為別人覺得你龜毛、要求太多，就認為自己好像擁有了什麼樣的缺點。這些事情是好的，這些態度是對的。

是別人不想要面對太過嚴謹的人，而賦予了他不對的形容詞。

你不要因為別人把缺點變成優點，或把優點變成了缺點，而造成你修正了自己對應事情的角度跟態度。

我們跟一個人相處，我們常常說：「他好龜毛喔！他有必要這麼認真嗎？」

菩薩說，這個人做事認真、嚴謹，本來是優點，可是這對怕麻煩的人來說，便成了缺點：「他就龜毛啊！他做事就這樣子啊！」可是，這不是對的嗎？

我們批評別人的時候，有時候，會刻意的把別人的優點變成了缺點。

因為我們自己做不到，為了要傷害別人，為了要保護自己，為了要去解釋，為了要圓我們的缺點，就會故意惡名化別人的優點。

我們要去思考一下，我們是不是常常都會這樣說別人，惡名化了別人的優點，然後，順其自然的圓了自己的缺點。

●放下膽怯迎向勇敢

菩薩說，有的人，天生膽小、膽怯，很在意別人的看法，很害怕別人看見自己的弱點。生活中，也很害怕多得了什麼之後，便成為別人給予批評或給予紛亂意見的開始，所以，有些人會害怕別人把注目的焦點放在自己身上。

好像是做對了一件事情，得到了獎賞之後，隨之而來的會是許許多多的批評，讓這個人倍感壓力。

有時候，太過在意，會讓明明是好事，也變成了一種壓力。

菩薩說，放下這些膽怯，勇敢的做你自己吧！

堅定的做你自己，沒什麼對不起他人。就算你發光發熱，就算你出色，也不應該逃避，或害怕別人看見了。學習愛你自己，是非常重要的。

寬心自在，一直都是我們需要努力的目標。

如何讓自己生活幸福、圓滿自在，是我們人生當中最重要的事情。

不用太去在意別人耳語的批評，不要太在意工作上的表現，只要盡心盡力做到最好，一切就可以擁有最完美的決定與結果。

未來的日子，只要能夠盡心盡力發展自己的需求與長才，發展自己的潛能，做到讓自己安心、自在，一切都會有更美好的結果，未來，等待著你發光發熱。

縱然你承受了很多的委屈、痛苦與分離，這些事情都無法擊潰你，那是因為你問心無愧。

在未來的日子裡，你都要繼續的告訴自己問心無愧：「我做的事情是出自於善意的。」如此，就不用擔心別人對你的評價，不需要去在意別人對你的批評，因為你就是你，你做的，其實是為大家著想的。就算得到了謾罵，也不能夠妨礙你前進的心。

相信自己的能力，不要太在意別人的耳語，不要太在意別人的批評。把別人的批評當作是一種建議，你還是要回歸到自己該做的事情上面，別因為在意別人的批評而不做。

偶爾，給自己喘息的片刻，不要太去在意別人對你的指教。因為那些批評指教是很主觀的，不代表全部的你，也不代表真正的你，你在意了，就受傷了。

唯有放下、不在意，讓你自己的心靈自由自在，才能做真正快樂的你。

找到自己的定位

●細膩的你

細膩的你，可以感受到別人的喜怒哀樂，可以感受到別人喜歡你或不喜歡你，你非常敏感。

但可不可以把別人喜歡你跟不喜歡你的感受放掉？因為你不是為了喜歡你或不喜歡你而存在著的。

他們有沒有喜歡你，不能夠主導、定義你的人生，也不能夠為你的人做出任何承諾。

只有你非常清楚你自己在做什麼。你是一個什麼樣的人，不用別人用話語、文字來替你加持，因為你就是你。

菩薩要的是你快樂開心就好，不要活在別人的字字句句當中。

你一直以來都是心軟的，一直以來都是慈悲的，一直以來都是希望自己會做善良的決定，然後讓別人得到快樂。

可是有些事情，做善良的決定，做好的決定，未必是你自己想要的。

菩薩希望在未來的日子裡，每個人都可以選擇做對自己最好的決定，而且要勇於表達自己的想法，表達自己的意見。

說不，一定是不；說不想，一定是不想。不要害怕表達自己的想法，不害怕別人喜不喜歡你。

勇敢一點！敢表達自己的想法，敢否定別人的意見，敢為自己站在自己的角度發表一些看法跟言論，菩薩說，這會是很大的進步。

以前的你，可能總是害怕不被他人喜歡，而去迎合別人，去做能討好別人的事情。

但現在的你知道：我想做什麼、我開心比較重要，至於別人，那是別人的事情。

菩薩希望在未來的日子裡，不用太在意別人對你的看法，因為會批評你的人，絕對不是你的好朋友。

好朋友會愛護你，不會批評你。

除此之外，做事的時候，當下要能夠審慎思考，不要用情緒去做決定。能夠在理性分析後，再做決定，這樣的決定，對你來說才會是最有利的。

不要太去在意別人對你的批評及評論，那都是過去了，都是不需要在意的人。因為真正愛你的人，是會保護你的，是會諒解你的，是會包容你的。

所以，只珍惜很愛你的人，珍惜不會批評你，以及不會在背後說你壞話的人，這樣，你才能開心、寬心的做你自己。

有些事情不用說分明，就能夠讓別人瞭解；有些事情就算心裡面瞭解了，也不一定要說出來與別人分享。

很多事情放在心裡就好，要有一些照顧自己、保護自己的方式，這是沒有錯的。所以，任何事情都不一定要告訴他人。

懂得保護自己，也是未來人生當中很重要的一件事情。

別因太在乎別人的眼光、別人的批評，而傷到你自己，傷到原本信任你的他人。不要過於在意別人對你的批評與指教。

要學習保護你自己，阻斷可能傷害你的任何言語，這才是讓你生活再次得到快樂的重要關鍵。

●不需在意小人評論

不要跟小人正面衝突，因為你鬥不過人家的，所以你就是笑就對了。

「可是他有很多暗招？」他多糟，都跟你沒有關係，你就是笑就對了。

因為你不是他，你學不會他的手段，所以也不要批評他，我們學不來，就過自己的日子。

「可是他會用很多小手段？」那不管，那是他的手段，不是你的。

你就是只有一個方法，就是笑。

很多人在與人相處中，經常受傷，是因為人際關係，在工作環境裡遭受誤會或陷害，心靈的傷痛一直都存在著。

菩薩看見了每個人的成長，是因為你對那些曾經有過的傷痛，越來越懂得怎麼樣自我消化、自我包容、自我調解，慢慢地已經能夠接受曾經發生過的事情，也能在未來展現出你的寬容跟慈悲。

過去的傷痛已經不算什麼了，是因為你已經不是過去的你了，你學習了更勇敢、更堅定，也學習找到了方法來讓自己快樂。

這是菩薩眼中的你，臉上帶著越來越多的笑容，越來越多的自信，也不會再在意別人口中的批評，這是我們都要努力學習的。

你的人生學習到很多，越來越圓融，越來越懂得取捨，這對你來說，是人生當中很重要的課題。

這也是因為你在遭受到小人攻擊、言語上的傷害後，讓你更清楚的知道，有時候，人性是無法讓人掌握的。

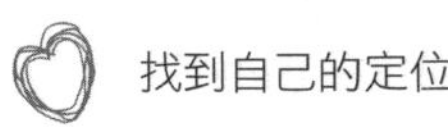

要學習知足，學習感恩那些一直陪伴在你身邊、訓練你、讓你越來越謙虛、謙卑的逆境菩薩。

用這樣的心態，繼續去面對所有的人事、所有的美好，以及面對人生當中所遇到的困境，你的人生會更成熟，更懂得穩重，也更能機警地去應對突如其來的變化。

學習接受變化，並不是懦弱，也不是妥協，而是知道我用什麼樣的方法可以讓我的人生更加美好。

努力的善待自己，是你現在最需要學習的。不讓過多的責任攬在自己身上，要學會善待你自己，做自己想要做的。

不要因聽進別人的話後，來傷了你自己的心。話從這邊進去，從另外一邊出來，不要活在別人的認定中，要活出你自己。

菩薩說，一直以來，你都是勇敢的，為什麼在聽到不好的言語時，你就重視它、相信它，然後用這樣的言語就可以輕易的推翻你過去所做的所有努力？

不該是這麼不堪一擊的！你應該要更堅定你自己，要更勇敢！

生活當中，有很多事情是由很多的不順利、不順從、很多的爭執、矛盾而累積成的。

要學習在這些爭執、矛盾、不順從、不願意接受別人意見及紛紛擾擾當中，找到自己的路。

要學會如何把這些紛擾化成你自己想要的，你可以聽到重點意見，而不在乎有言語傷害的論點。

越來越能夠找到自己的定位，越來越能夠找到自己適合生存的方法，這是非常重要的。

把話聽得好，把話聽得美妙，把話聽得有建樹，這對你來說，才是你接下來的人生最重要的課題。

● 面對流言蜚語

菩薩認為，我們所面對的人事物，就屬人心的轉變與流言蜚語最為可怕。

明明沒做的事情，卻要你承擔；明明沒有這樣想，卻認為你這樣想。

在這些苦痛當中，有苦說不出的難過，無法用行動跟言語來證明自己的清白，這是一種有苦說不出的痛苦。

就算這些事情都已經過去了，未來，這些事情依然會發生，但你的心卻因而越來越堅強茁壯了。

任何跟你有所牴觸的，不是你人格面所真正呈現出來的，那都不代表你，並不需要去在意它。他們所說的，都不代表真正的你。

不去在意，是因為自己更加地堅強，這才是你現在要去依靠的。

菩薩說，有很多事情是無法用計較、比較，或跟誰對論而生、而定論的。

每一個人都有自己的想法，每一個人所站的角度、所想的、所依靠的都不一樣。

菩薩希望你未來能放下更多的不同，放下更多的比較，只在乎你自己想做的事情，不去比較，不做給別人看，不擔心因做了這件事情而造成別人的耳語，或因耳語的傷害又回來反擊到你。

從此以後，你要做的，是做你自己想做的事情，而不是為了可以得到別人的讚美，或減少別人的攻擊而去做。

就做你自己想做的事情就好，當你做好了，他們就無法攻擊到你。

在這些成長過程當中，雖然因很多的傷害、耳語，而造成你心裡有一些不能抹去的傷痛，甚至有一些恐懼、害怕，但菩薩仍相信，未來的你，這些都是可以克服的。

因為你已經漸漸相信，很多事情是靠你自己的能力建造起來的，別人的耳語都只是表面上的功夫，話語雖動人，卻未必真心對待。

在這些過程當中，你已經成長了，菩薩希望未來的你，可以更加地堅定，更加地堅強，知道做自己很重要，也知道找尋快樂的方法了。

菩薩心語

活著就是要勇敢

這一篇章中，收錄了許多同學在菩薩給予的祝福能量場中，菩薩鼓勵很多人要勇敢、要堅強面對現在生活的話語。

文字當中，可以看見許多人正經歷著苦，而且還要咬緊牙關撐下去，只為了希望可以帶給自己未來更好的生活，也希望可以改變自己的人生命運。

這樣的積極不是認命，而是希望在苦痛過後，能帶來更多的成長與茁壯，安定自己的心，讓自己掌握自己的命運。

讓我們一起來聆聽菩薩疼惜每一位朋友的心靈聲音。

看著這些文字，也彷彿菩薩在跟你說話一般，菩薩知道你的苦，菩薩知道你的需求，菩薩一直都在。

苦過之後要勇敢

在這段時間，你受了一些苦，是因為菩薩要訓練你要勇敢、要面對。

很多事情是不能逃避的，不是口中說要負責任就可以處理圓滿的。

你會發現，有很多事情是就算你面對了也無法處理。

菩薩要你學習的，就是這個過程。

很多人事的成敗，很多事情的經過，發生的原因跟結果，不是掌握在人的手裡，而是掌握在別人的喜怒哀樂情緒裡。

而現在的你，應該更能夠體會到這一點。

有很多事情不是努力就可以有所改變的，但是，如果都不努力了，就沒有辦法得到自己想要的結果了。

在這一段時間裡，這幾年的風風雨雨、所掀起的波瀾，讓你體會很深，這就是菩薩要給你的訓練。

●勇敢的你

勇敢的你，一直都很勇敢。

菩薩說，安排你此生下來，要學習的除了勇敢之外，還要有很多的勇氣可以給別人，讓別人在你身上可以看見勇敢跟勇氣。

菩薩說，你沒有讓祂失望。

在讓你下凡來之後，經歷了這些，面對了這些，包含父母親身體健康方面的問題，都沒有打倒你，也沒有擊垮你。

菩薩說，你是一個很不容易的人，很可以讚美的人，很可以得到肯定的人，因為在菩薩眼中，你就像天使一樣，給予很多人愛跟安定的力量。

菩薩希望未來這十年，你可以開始愛你自己。

你把大家照顧得這麼好，未來的十年，要開始愛自己了，好嗎？

●勇敢堅強的靈魂

你有著比別人大膽的靈魂，你有著比別人更強大的勇氣，所以，用你的勇氣跟大膽的靈魂，去做你想做的事情，去探索這個世界，去嘗試這個世界所有的美好。不用擔心犯錯，也不用擔心受到局限。

只要你想做的，不管是接觸音樂、藝術，或接觸生命、生活當中的流行元素，只要你想，你都可以讓自己的人生豐富多采，更可以在不同的領域當中，得到應該要有的成就及肯定。

一個恣意、自在的靈魂，想做什麼，都有家人支持著你，那麼，就盡情地去展翅高飛，做你想做的事情。

不管你飛到何處，你的家永遠都在那裡，會看守著你，給予你很好的避風港，讓你回家時可以棲息著、休息著、回復著，或是成長著。

這是一份永遠存在的愛，可以勇敢去領悟生命當中、生活當中的美好。所有的事情，只要有興趣，都可以盡情的去嘗試，因為它也是滋養你靈魂成熟、成長很重要的元素。

●勇敢不逃避

很多事情，一開始都是一個錯誤，然後，你就讓這個錯誤一直不斷地延續下去，那個錯誤，不僅僅是做錯了決定，還可能跟脾氣有關，跟態度有關，跟心情有關。

觀世音菩薩希望你在一開始的錯誤裡，知道它是錯的，就不要再繼續下去。而且能夠告訴自己：我很勇敢，我一定可以面對這些錯誤，改變自己的。

雖然別人對你偶有抱怨，但是你知道你問心無愧，你從來沒有要占別人便宜，你一直都是付出的。

菩薩說，光憑這一點，你就要對自己有信心，你本來就沒有要害人，你本來就是善良的，你不需要去在意別人怎麼說，只需要安心的做你自己，要夠勇敢。這不是為別人而活的，而是為了你自己，所以不管別人說什麼，這對你來說都不重要，因為你本來就沒有害別人的心。

在這些成長的過程裡，有苦有樂，你也可以用自己的親身遭遇去感受人間的冷暖。

有的時候，你給予很多的關懷，卻不見得別人會領情；有的時候，你主動對別人關心，人家反而覺得你太過於多事。

在這些冷暖當中，慢慢的，你會體會到，唯有做自己覺得對的事情，才能感受到快樂，而不需要去在意別人怎麼看待你，怎麼感受你的動機。

所以，永遠勇敢的做自己，才能夠為自己找來更多的快樂。

一旦付出了，我就不求回報，我就不需要擔心。

一旦快樂了，我就是只忠於自己真實的快樂。

堅強獨立承擔責任

●訓練自己堅強獨立

在這一兩年當中，菩薩在你身上所灌注的課題，一直都是「勇敢」。要你勇敢的去面對自己遇到的問題，要你很勇敢的去面對你自己，要做出正確的決定。所以你會發現，在你需要做決定的時候，身邊好像都沒有人可以提供你一些幫助，好像沒有任何人可以給你直接的意見。

就是因為在這些過程當中，要訓練你堅強獨立，不能夠再有所依靠，同時，要懂得運用自己的工作能力、生活能力，來改變自己的經濟環境。

你可以意識到，人很想工作是好事，人必須要工作是好事。

但是，人如果賺到錢了，該怎麼樣去做經濟上的規劃、要如何理財，這是非常重要的學習課題。才不致於萬一要用錢的時候，什麼都沒有，而造成自己經濟上的負擔、生活上的壓力。

所以，生活跟經濟、工作，同等重要。

你的個性非常的剛強，非常的好強、倔強，什麼事情都希望自己能做到最好，只能贏，不能輸。

菩薩說，這也沒有不好，因為你只是不喜歡那種還沒盡力就輸了的感覺，所以，無論如何，你一定要強迫自己做到最好。

這樣的狀態，一直引領你自己學習，所以成長了很多。

在你的心裡面，人家會認為，你怎麼懂這麼多？為什麼你可以不當一回事？但其實，心裡面是在意的。

不管怎麼樣，你都會咬緊牙關撐下去，這就是現在的你。

別人不知道你為了自己的事情勇敢了多久，別人不知道你為了生活付出了多少，承擔了多少的壓力、痛苦。

你不想說，是因為你覺得說了別人也不懂，說了別人也未必能瞭解，所以，選擇了不說，繼續承擔。

菩薩認定你還可以更勇敢，可以更倔強，可以更堅定，因為你不是普通的你，你有著非常堅強的意志力，可以跟所有的萬事萬物的不平衡、不公平、不講道義繼續對抗著，你有你自己的方法，你有你自己做事的態度。

菩薩欣賞這樣的你，繼續堅強，繼續倔強，繼續做你要做的事。

●改變命運靠自己

菩薩說，以前的你是非常懶散，且逃避責任的，但現在的你，越來越懂得承擔責任，並會照顧他人了。

菩薩說，這一路走來，這樣的改變並不容易，因為你學習了強迫自己要接受，不能逃避責任，所以，菩薩認為你已經越來越勇敢了。

既然已經開始勇敢了，就不要去討論做得好或不好了，因為你已經願意做了，「有意願」就是一個最大的指標了。

好或不好，那是別人的評論，不必活在別人的評論中，做好自己即可，因為你真的已經盡力了，這跟過去的你是完全不一樣的。

看在菩薩的眼中，祂認為這已經是非常大的勇敢了。

菩薩說，萬事萬物你都會盡心盡力的去善待別人、對應別人，有的時候，雖然感受到很多的委屈，承擔了很多的責任，但是你依然勇敢、不畏懼。

菩薩眼中的你會繼續勇敢，菩薩眼中的你毫無畏懼，就算承擔再多的責任，你依然會微笑看著未來。

●嘗試冒險與改變

做事小心翼翼的你，有很多事情，都是一個新的嘗試。

你不吝嗇這些嘗試，因為你知道，這些嘗試可以帶給你很多的勇敢、勇氣。

菩薩希望未來的你繼續嘗試更多的事情，繼續嘗試著冒險，讓你心中收穫滿滿。

而文殊師利菩薩也鼓勵你去做任何你有興趣的事情，這可以增加自己的智慧。

地藏王菩薩給予你的祝福是：只要你有心，很多困難都會化解，因為冤親債主會看見你的努力，願意放下執著，給予祝福。

●成為美善之人

這十年來，你的改變是一年比一年更好。

看在菩薩的眼裡，你從一個小女孩，蛻變成一個成熟的大人了。

在這些成長的過程當中，一定有酸甜苦辣在其中，收穫也一定是相對滿滿的。

菩薩相信在這些日子當中，你能夠領悟的，能夠給予、施予別人的，都會匯集成為福德，回到你的身上來。

菩薩希望在未來的日子裡，你能更堅定自己的腳步，更確立自己想做的事情，能明心見性的開發自己內心靈性的需求，滿足自己，照顧家人跟朋友，這樣的你，會越趨於成熟，越能夠知道別人需要什麼，而能夠給予更富足的心靈。

做任何事情，菩薩希望你有更多的前瞻性，遇到事情不要害怕挫折。

過去成長的過程雖然很苦，一直都是擔心害怕、沒有自信的，菩薩希望未來的你，能夠擁有更多愛自己的力量。

不要太在意別人對你的看法，能夠活出你自己、照顧你自己、學習愛你自己、欣賞自己的優點，才能夠讓你在同儕團體當中發光發熱。

相信自己，其實是一種本能，也是一個善良的想法。

因為相信自己，也認為自己可以帶來很多的能量、能力，會讓自己的未來更加地美好。但如果從中可以給予自己更多堅定的力量，會更好。

菩薩希望你能夠更肯定自己，能更懂得照顧自己，並且不遲疑，不害怕。

在心中，要更加堅定，才能創造出更多屬於自己的美好。

在生活這條道路上，有很多複雜、辛苦的一面，如人飲水冷暖自知，你自己最清楚生活當中最困難、需要堅定的部分。

菩薩希望未來的路途、生活，能夠給予你更多的順利，減少挑戰，讓你在心靈上有更多的安定，擁有更強大的力量，去照顧家人，照顧你自己在心靈上追求夢想的動力。

喜歡現在的自己

●修正自己，喜歡現在的你

在這麼多年的成長過程當中，你一直不斷地努力修正你自己，希望朝向最好的狀態，然後可以不斷地告訴自己：「我可以做得更好，而且我可以更加地努力。」在你身上，的確也出現了這些努力的狀態。

菩薩說，你從來都不說苦，而且你比你想像中的更加勇敢，有時候，連你自己都佩服你自己，怎麼會說出這樣的話、做出這樣的決定，是為別人好的，而且犧牲了你自己。

你覺得自己怎麼跟以前不一樣了，這就是成長，這就是你喜歡看見的自己，也是別人越來越喜歡你的關鍵。

你有沒有覺得，這幾年自己的改變很棒？有時候也會覺得：「我怎麼會這樣？這好像不太像我。」這就是人變得不一樣了。

所以，你會越來越愛現在的你，也會越來越愛未來的你。

菩薩要給你的祝福是：因為你的勇敢、你的堅定，讓你的人生越來越趨近於美好。

過去在遇到挫折的時候，你會痛苦難耐，但現在的你，可以找到有智慧的方法，去幫助自己解決問題，並協助他人面對問題。

當你越勇敢的時候，在你身上，也聚集著強大善的能量。

要告訴自己：就算遇到再苦難的事情，也不能夠退縮。

硬把苦撐下去，硬把苦吞下去，正是刺激你成長、更加堅定、勇敢必須有的動力。

菩薩認為你非常的有勇氣，承擔了原本不屬於你應該承擔的。

你心中有寬福，願意承擔，也願意讓所有的美好有機會可以在你身上發生，造就了更多人的幸福。

相信自己，菩薩一直都在你的心裡陪伴著你。

你是一個非常善良的人，所以，做任何事情都會考慮到別人。

菩薩希望在未來的日子裡，你能夠照耀著自己，關心著別人，繼續的付出，繼續的勇敢，繼續的堅定，讓自己成為一個可以隨時給予別人正向能量的人。

●認識菩薩後的人生轉變

菩薩說，從認識菩薩開始，你一直都是願意反省自己，也想盡辦法接受了很多的指責，以及很多不同的意見，並強迫自己要學習、要面對。

這段時間並不輕鬆，也並不如意。

雖然有一些痛苦挫折，但是，你還是非常勇敢地去面對了。你發現自己跟以往不同了，而且也喜歡現在的自己。

菩薩說，未來，可能還是會有一些困難與挫折，但是這些困難、挫折會幫助你更勇敢、更堅定，能夠成長於眾人之上。

跟著菩薩學習這麼多年，你開始懂得把在菩薩那兒所學習到的，用在自己的生活當中，而且給予實踐，盡可能的幫助他人。

在這段時間裡，雖然有苦有樂，但是你承受得很快樂，承擔得很欣喜。因為你覺得自己變得很不一樣了，覺得自己越來越堅強、茁壯了。這是你覺得自己最大的改變。

菩薩希望在未來的日子裡，你依然勇敢，而且朝著目標前進，一點都不害怕。當你心中無畏懼的時候，就是施展最強大力量的時候了。

當你能夠放鬆心情，便能夠為自己帶來正向的能量；能夠正向思考，便能夠為自己帶來奇蹟般的轉動。

當你願意給予別人更多愛的同時，這些福德便會滿滿的圍繞在你身邊，讓你懂得不怕困難、不怕苦，而且成為一個勇敢、積極正向的人，並能給予別人鼓勵。

菩薩說，在你身上，其實，承擔著許多的壓力，但你從來不說苦，是因為你習慣了苦，而且你覺得自己可以做到，就讓自己去承受。

菩薩說，用這樣的勇敢，帶著這樣的勇氣，繼續走在未來，你會得到更多的福氣跟福德。

在認識菩薩之後，你從一個膽小、經常感到害怕的靈魂，到現在，已開始變得堅強、勇敢了。

就算遇到困境，就算遇到業績不好，你也很勇敢，不會害怕。

你心中有著菩薩，常常跟菩薩說話，菩薩都知道。

所以，菩薩希望未來的你，靠著甜美的笑容，賺到更多的錢財，穩定自己的生活。不要讓自己驚恐，最重要的是，你要快樂。

然後，學習更多美的事物，讓自己更美好！

善無敵，愛無懼

●堅毅的心

菩薩希望你未來更有勇氣，去做讓自己更開心的事情。

只要你覺得是會讓你自己開心的事，你就可以多做，而且不需要去在意別人的眼光，只需要找尋自己真實的快樂。

天真善良的你，對於許多事，就算遇到挫折了，也會用天真、開朗的方式去應對。菩薩說，就是喜歡你這樣的個性。

繼續用開朗、堅強的方式去面對，雖然偶爾會有小苦、小痛，但這些你都可以忍受，都可以吞下來。

所以，菩薩認定你有堅毅、勇敢的心，有顆願意創造、冒險的心。

繼續用這樣的心，去面對未來的生活，你會更成熟，更豐富、勇敢。

你天生的靈魂就是一個小孩，永遠長不大的，所以，你就用小孩的方式去面對很多的事情。

有些事情很複雜，你就：「大人的世界我不懂，不要管！」裝傻就對了。

菩薩看見快樂的你，可以把很多的快樂、愛的因子散播在你環境周遭，包含你的家人、你的朋友，也包含你工作上相對應的客戶與同事，你盡量散播歡樂、散播愛，然後，把苦痛放在心裡面。

你會認為：「苦痛誰沒有，無所謂的，我總能經歷的。」

就是這樣的勇敢，驅使你自己快樂的走到這一個地步，這是值得讚賞的，且值得菩薩為你喜悅的，因為你真的長大了！

在菩薩眼中，你依然是調皮的，依然是古靈精怪的，菩薩希望你維持著這樣的初衷，對事物，永保高度的探險、冒險精神，繼續去探索人間的美好，並把這些快樂傳遞給你的下一代。

●能量守護在心中

在這麼多年的學習過程裡，你得到了很多，也成長了很多，並且可以把所學到的應用到自己的生活當中。

菩薩看見你的成長，覺得非常的歡喜，而且認定你越來越進步，可以給予別人更多的力量。

雖然，這過程有很多的苦，有很多的委屈，是你自己才知道的，但是不要忘記，這一切，有菩薩陪伴著你、跟隨著你，你不要害怕。

你有很多的勇氣可以去面對，菩薩有很多的好能量可以守護著你。

菩薩說，這幾年，你改變了很多，從焦躁不安、沒辦法穩定自己，到現在願意改變自己，而且看見自己的缺點。菩薩說，這對你來講，是很不容易的事情。

因為一直都被寵愛的你，要強迫自己努力，強迫自己成長，而且要開始學習接受很多的痛苦，接受別人的不解，也接受很多的挑戰。

菩薩說，祂看見你越來越勇敢，而且超乎想像。

你自己都覺得不可思議：「我為什麼會做出這樣的決定？」菩薩說，祂沒有控制你，這一切都是你自己變成的，這是你自己選擇的。所以菩薩說，你一定會越來越喜歡未來的你。

做任何事情，要勇敢、堅定，堅定自己的信念，堅定自己的意志，可以讓未來的生活，更加地有智慧。

能夠為他人付出，就是擁有最大的福氣跟福報。

觀世音菩薩希望在未來的日子裡，你能夠更加地勇敢，更加地堅定，不輕易被打倒。

對於是是非非，要能夠有自己的想法，要能隔離、阻絕是非進入到你的生活，不要只是害怕，不要只是任人宰割，有時候，要懂得保護自己。

學習安定自己的心

●苦過了，更懂得珍惜

在你的生活當中，其實，有很多事情都是克己慎行、要小心翼翼的去建造、完成的，從看顧自己的事業，到自己的家族事務，以及家庭跟事業當中的矛盾，需要努力製造生產條件的同時，其實都是很辛苦的。

菩薩對於你的辛苦，都看在心裡面。

但是，有很多的苦，是推卻不了的；有很多的苦，是必須吞下的。

在這些苦痛當中，才能夠找到你自己的定位，才能夠知道誰對你是最好的。

而這些苦痛，有其必須出現的原因跟理由。

因為唯有苦過了，才能夠更懂得感恩他人；唯有苦過了，才能夠瞭解這一刻有多麼不容易。

事事求好

菩薩說，事事都求好，這並沒有錯；做事情小心翼翼，也都沒有錯。

很多事情必須是由小心、慢慢檢討自己，才能夠逐漸成為別人的榜樣。

在這些學習過程當中，成為別人的榜樣，就是在建造自己人生當中美好、美麗的過程。

努力地創造自己的人生，努力讓自己的人生更加地美好、自在，這是你自己追求的夢想。

菩薩希望用正能量圍繞著你，也希望你用正能量去完成自己的夢想。

雖然做事情小心翼翼、步步謹慎，是沒有錯的，但是，很多事情，若太過於小心翼翼，就會失去了機會。

菩薩希望未來的你，能夠懂得把握機會，掌握所有的機會，願意付出，願意努力表現，不放過任何一個可以展現自己的機會。

凡事能夠盡心盡力的尋求發展、尋求展現，也要感恩他人給予的機會。一切只要懂得感恩，就會有更美好的成果。

記得，做任何事情，小心是對的，但是太過於小心翼翼，有時候會讓自己卻步，讓自己害怕。其實，你在做事或在分享的時候，只要能心情愉快，總能分享出快樂的能量。所以，在做事之前，一定要想辦法聚集自己的好能量。

在做事之前，一定要想辦法聚集自己的好能量，給自己支持與肯定，會讓自己開心的事才去做，不開心的事情不要去做。

●人生就是一場學習

在這些學習的歷程當中，你會發現，自己一直都是戰戰兢兢的心態。你維持這樣戰戰兢兢的心態是好的，但是，對於很多事情不要有太多的得失心。只要得失心重了，就會在意了；在意了，就會傷心難過，就會產生煩惱。

菩薩希望很多事情能夠自然，盡心盡力做到最好即可，不需要太在意結果，這樣，才能夠讓你的人生放輕鬆，覺得自在。

菩薩說，過去的你，是一個情緒非常焦躁而且很容易沒有安全感的人；而現在的你，開始願意努力找尋自己的心靈黑洞，學習安定自己的心，不跟別人要求，而是要求你自己，菩薩說，這就是最大的改變了。

現在的改變，雖然是慢慢在進行當中，但已經拿出你最大的誠意及最大的努力了。

菩薩期待看見更好的你。

付出與承擔

●善與愛同在

善與愛是相同的，有了付出，有了回報，就會讓愛一直延續下去。不與對方計較，才是真正愛的延續，有愛的可能。能夠把心量放寬，你才能夠讓愛在心量放寬的當下，繼續成長、茁壯。為對方因愛而付出，給予守護，這是人生中最棒、最美好的責任。能夠善良，能與人為善，並能為人付出。

菩薩說，在你的心中，已種下一個善良的種子，這個種子一直不斷地在人間散播所有的愛與善。

繼續做，菩薩會給予你最大的護佑與支持。

純潔而善良，傻人有傻福

菩薩說，你一直以來都是非常單純、非常善良的，做任何事情，也都能為他人著想，不計後果的為他人付出。

這段時間，你成長了很多，學習了很多，而且澈底的想要改變自己，讓自己擁有好運。在這些成長的過程當中，你懂得反省你自己。

菩薩看見這樣的改變，替你感到開心。

在這些過程裡，雖然有一些苦痛、難過，但你都能夠去解釋、去消化，而且能夠成長。

菩薩認為，你未來的人生會更好的原因，是因為你懂得反省你自己，而且願意以創造別人的幸福為最優先的考量。

菩薩希望你擁有更多的自信，相信在未來的日子裡，能夠發光發熱。

所謂傻人有傻福，你不僅不是傻人，而且是一個智者，因為你知道，怎麼樣可以不爭吵，怎麼樣可以不要製造麻煩，怎麼樣可以不要有過多的紛爭。

在別人看來，你是愚者，傻傻的、笨笨的，很好配合。

但在你的心中，在菩薩眼裡，你很聰明，從來就不是所謂的愚者，也不是所謂的傻人。因為你很清楚的知道，要怎麼樣才能夠創造出和諧，才能帶來很多的福氣跟平安。

所以，不與人爭執，不是代表著我笨、我傻，而是知道要怎麼樣才能夠回歸到平靜，才能夠為雙方帶來更多的利益，並能夠省去更多的麻煩與解釋。

一直以來，別人都認為你很傻，都認為你很笨，好像很好利用。但你心裡知道：「這不是我笨，是我願意，我願意讓你們對我這麼做。所以感覺上，我傻傻的，但我心裡面很清楚，這是因為我願意。」

所以，願意的人，福氣越大。因為願意付出的人，福氣本來就大。

一直以來，你是一個有福的人，未來的你，也會繼續以創造大家和平共處、創造大家圓融相處，而有最大的福氣。

不是我傻，是因為我願意！

為家人付出

菩薩說，一直以來，你花了很多的心思在照顧家人，不管家人給你的感受是什麼。雖然有時候，你知道他們不是那麼喜歡你，你在這個家好像是一個工具人。但不要忘記，菩薩肯定你為這個家的付出，就算是工具人，他也必須是要有功能的。

所以，就算你在工作上是工具人，在家中也是個工具人，是好事！

因為你有功能性，所以才能成為工具人。

如果對於別人沒有任何功能性的話，你不會成為一個工具人。

菩薩希望你放輕鬆一些，去除你的憂慮與焦慮，不要給自己太大的壓力，盡力就好，因為你不可能事事都求得圓滿。

不要奢望做了之後，可以得到別人的讚美與肯定，你去做，是因為你想做，而不是因為要得到讚美或肯定才去做的。

照耀他人不算苦

這幾年，菩薩知道你辛苦了，為了家人的事情分憂解勞，其實你做得很好。一直站在中立的立場，給予家人們新的知識、新的觀念，以及新的想法。帶領他們，也許很辛苦，但力量是很強大的。

對你來說，給予他們依靠，是人生修行的一個目標。

菩薩期許你在未來的日子裡，一樣可以繼續成為家中的依靠，也繼續給予身邊的朋友們發光發熱、感受到溫暖的機會。能夠有照耀別人的機會，就是最大的福澤。

當你把所有的心思都放在家庭成就上面，家庭的人員都安心、快樂之後，這就是你所謂的成就。你一心都奉獻在家庭成就上，這樣的選擇是對的。

雖然很辛苦，雖然把他們的辛苦放在自己的心上，但你依舊會告訴自己，這就是家人，這就是成就你前進、越來越勇敢、越來越能承擔、力量越來越強大的力量。

不管未來可能會承受什麼，可能會遭受什麼，你心裡面知道，能為別人付出，為家人勞心勞力，這就是你人生當中最大的成就與圓滿了。

不求什麼，因為你人生一直都沒有在求什麼，都是為家人而求，為他人而求。

菩薩說，這樣的心心念念，一直以來，就是因為從小到大，在你的心中，種了一顆慈悲的因子，這顆種子在你心裡面開花結果了。

所以，不管你做任何事情，請記得你的出發點是善心善念的，不需要在意別人怎麼看待結果。

所有的愛聚集在身上的時候，都只有一件事情，就是要將愛散播出去。你在散播愛這件事情上，做得非常好。

菩薩希望你未來能持續給予很多人正向的力量，時時地為他人奉獻。

菩薩說，這就是人生需要為自己努力、為他人努力的目標。

●從不說苦

一直以來，你都把家人照顧得很好，從小到大，所承擔的責任，從來都不會說苦，因為你覺得這是你應該要做的，如果你不做，誰去做呢？

所以一直你來，你都不認為那是苦，你認為那就是一種責任。

承擔責任在身上，不覺得它是一種苦難，也不覺得比別人缺少了什麼，你總覺得：「因為是我，所以我才能把它做好；也因為是我，我才能確保我把每一件事情都做得圓滿。」

所以，菩薩希望未來的你，能繼續用這樣的心，去照顧你身邊需要照顧的人。在家庭當中的責任跟角色，一直都是多元多變的，你也承擔得很好，也顧及了很多。

未來的日子，菩薩會給予你更多的能量，讓你可以繼續承擔，繼續付出，而且不說苦。

在這些不說苦的過程當中，可以找到自己的定位，可以發展得更好，也可以給予別人更多的能量。

希望未來的你，在不說苦的情況下，也可以為自己製造更多的快樂。

菩薩眼中的你，是個非常願意為自己努力的人，而且不說苦，不會逃避，也不會推卸責任。

未來的你依然如此，繼續承擔著菩薩給予你人生當中的課題，依然樂觀，依然進取，依然努力地為了自己的美好、為了自己的生活而努力著。

菩薩希望未來的你，永遠都是笑著，沒有流眼淚的片刻。

●一切自有美好安排

所有的事情，一切都自有安排。

所有的美好，一切都有學習的過程。

就像現在的你，走到了這個當下，還有很多學習的過程，促使你必須成長、必須接受、必須承擔，即使推卻也不可能可以逃避的，這就是人生。

但你是知足的，所以一直以來，都有神佛庇佑著你，在最不好的環境裡，依然接受著保護；在最沮喪的當下，依然會有菩薩守護，所以，一切都不用擔心。

在未來的日子裡，菩薩會繼續給你很多的好能量，讓你繼續承擔、繼續苦，但是不覺得苦。

菩薩說，在家裡面，好像扮演著大人的角色，要承擔家人所有的一切，包含要你抉擇，要你做決定，要你承擔所有不是你這個年紀應該要承擔的，這就像是小孩子在做大人的事情。

菩薩說，這一路走來，你辛苦了！

未來，可能還是要你繼續承擔，但是因為有你，讓這個家更加地平靜，更加地在軌道上平安的、健康的走下去。辛苦你了！

快樂可以自找

●聆聽自己的需要

菩薩說，現在的你很喜歡現在的自己，開始變得有自信，而且開始知道，原來快樂是可以自找的。

以前，一直不斷地為別人付出，然後，傷心難過都由自己承擔。

現在懂得放鬆心情、對自己好，菩薩說這是對的！

現在才知道這是對的，現在要更努力、加倍地去做讓自己開心的事情。

你做讓自己開心的事情，不是罪惡，不是不應該的，是本來就可以的！所以，不要太去在意家人或朋友說了什麼，因為那本來就是你可以做的權利。

現在才明白，都還來得及，因為你未來還有很多日子可以讓自己快樂。

菩薩說，一直以來，你都在承擔家裡的責任，但現在的你，要學習的是放寬心。凡事盡力就好，不要承擔所有的結果。

凡事只要盡心了、盡力了，就要讓自己的心放下。努力過後，就放下。

菩薩說，這段時間，你發現自己變得很不同了，而且成長很多。

你很感恩菩薩，常常跟菩薩講話，菩薩都知道。

你為家人已經付出夠多了，他們也得到很多了。菩薩希望現在的你，在未來十年都能做一個開心的自己。

所以現在的你，要開始學會照顧自己了，而不是只單單照顧他們而已。

不要只是聽見他們需要什麼，有時候，要聽聽看自己內心需要什麼。

● 多愛自己

學習著尋找快樂是很重要的，因為人生快樂，比什麼都重要。

學習承擔責任，當然也是重要的，但是，偶爾逃避，也沒有對錯。

如果你的心真的承受不住了，偶爾退卻了、逃避了，也是給自己喘息的機會。

不要責怪自己，不要自責、內疚，因為每個人都需要有釋放壓力的時候。

你不是神，你只是人，有些事情，你本來就不會做，不應該全部都要你做，所以你做不好也是應該的，因為每一個人都是來學習的，沒有「你應該要會做」的道理。

若有人說：「你本來就應該要會，你本來就應該要做所有的事」，你都應該要忘掉這句，因為不應該，不應該全部都由你做。

沒有一個人的指責可以理所當然的要求你把這件事情做好，只有你可以讓自己心甘情願、願意去做，沒有人可以逼迫你。

菩薩希望在未來的十年裡，你可以領悟得到：多對自己好一點，才是最重要的。

●接受世事的變化

世界上有很多的變化，都難以預測，只有在自己心靈最堅定的時刻，才能在在面對各種變化時，都能夠承擔。

當身能夠接受，心能夠承擔，靈魂能夠自在，身心靈都能夠達到和諧時，任何事情便都不能夠打擊你、難倒你。這就是菩薩眼中的你，在這幾年所做的轉變與改變。

你不斷地力求進步，努力前進，力求達到自己想要的境地。菩薩希望你未來能有更多堅定、堅強的意志，讓自己選擇對的事情。對的事情，是自己覺得是對的，不是別人認為是對的。你要有信心！永遠都要相信自己看見的，永遠都要相信自己心裡面所信仰的。

別人所說的，是別人的；別人所經歷的，也都是別人的。但你所經歷的，你所感受到的，你所接受到的每一份訊息，都是你自己的。沒有人可以為你承擔，沒有人可以細細分析你在成長過程裡所遭受到的傷痛，以及所得到的領悟。

好好的接受這些，好好的省思這些，在未來，它會繼續成為你的養分，讓你奠定更美好的基礎，並在人生當中發光發熱。

放下抱怨，找尋快樂

●改變蓄積好能量

其實從過去到現在，你改變了很多。

菩薩說，過去的你，是一個會抱怨的人，而現在的你，覺得可以自己吸收、可以承擔這些苦，你不想麻煩別人，也越來越勇敢了，已經不是過去那麼脆弱、任人宰割的你了。

菩薩說，這一路走來，你成長了，你自己都覺得很驚喜，而且你一定可以過得更好，你對自己要有信心。

菩薩會給你很多的好能量，會給你很多的保佑，因為你真的不占別人一點便宜，懂得感恩，而且懂得付出。光這一點，你就值得讓菩薩心疼你。

從現在開始，繼續維持你的善良，繼續堅持你要做的事情，繼續看開，繼續樂觀，繼續維持被人占便宜也沒有關係的生活態度。

你不是一個生性開朗的人，但你因為經過這幾年的折磨、困境、成長與磨難，已開始學習看開了、放下了，要開始努力做一個開心、開朗的人了，所以這幾年，你發現自己的笑聲越來越大聲了。

以前不敢笑，是因為心中太苦。現在敢放聲大笑，是因為你知道，人生別想這麼多。也因為不知道下一刻還有什麼，所以，你的人生因而不多想了，而變得更加地開心了、快樂了。

在菩薩眼中，祂看見你從一個愛抱怨、很害怕、不知道明天會有什麼可怕的事情發生，從那種擔憂、神經緊張的人，到現在不用管明天要發生什麼，大而化之、開心過日子的態度，有錢賺就有錢花，沒錢賺就兩邊站，無所謂。

菩薩喜歡現在的你，雖然沒有擁有很多，但是，全家人的心在一起。

雖然沒有擁有很多，但是，你的心卻比以前更加的安定。

菩薩看見了你臉上的笑容變多了，憂愁也減少了。

雖然，自己的日子還沒有到平穩，但你還可以安慰別人，這就是最大的進步跟成長了。

菩薩喜歡現在的你，是因為笑聲很大，開心是真的，不是笑給別人聽的，一點點小事就可以讓你無比的開心、快樂。

●變成太陽，成為別人的依靠

對於他人所做的一切，從以前年輕時候的愛抱怨、愛爭執、愛計較，到現在年紀增長了，開始懂得包容、懂得圓融、懂得將身段放柔軟，一切的改變，非常地巨大。

從過去抱怨的婚姻、暴力的童年，到現在圓融、成熟的你，菩薩相信你對於自己的改變，是充滿開心、快樂的。

現在的你喜歡你自己，菩薩也喜歡現在的你，因為現在的你不會再回想過去小時候所遭受到的不平等的對待，對於父親、母親、兄長，你都願意原諒他們，因為你心裡面有了更多的包容跟成熟，你不一樣了。

你心裡面有滿滿的慈悲跟愛，你知道他們因為缺少了安全感，所以在年輕的時候，對你做出了不該做的事情。

你願意原諒他們，就是他們重生的開始，也是你人生重生的開始。

你已經重生了，但是，如果可以給予他們更多的愛跟能量，他們也可以跟你一樣重生。

想要改變你的父母，讓父母有新的人生，也許有一點困難。

而你不需要改變他們，你也不需要改變他，你只需要給予他源源不絕的愛跟力量，因為他就像是一隻在山間迷路的小羊，害怕被咬傷，害怕受到傷害，不知道接下來的路會遇到什麼，害怕頓失依靠，他只不過是那隻迷路的羊而已。

那麼，如果可以，請你帶領他，引領他方向，讓他走到正確的方向，找到自己的路，找到自己的快樂，去發展自己的人生。

你可以變成一個太陽，成為別人的依靠，因為你曾經走過那一段坎坷崎嶇的路。

你知道沒有陽光的黑暗，是多麼讓人恐懼跟害怕。

所以，現在有了陽光在你身上，你會珍惜這陽光所照耀你的每一刻，你會擁有無比強大的生命力，來包圍你自己與他人。

●人生的成長

菩薩說，從進入婚姻到現在，整個生活，經歷了很多的轉變、很多的抗爭、很多的不美滿、很多的憤恨，以及很多的委屈、接受、包容，最後調整了自己。

這一路走來，菩薩說很不容易。

因為要適應家庭環境，還要能夠遷就他人的個性，放下自己的脾氣，這一路走來，真的很辛苦，很不容易。

菩薩說，你做到了！而且能夠真正的願意放下自己，配合他人。

雖然偶爾還是會有一點小抱怨，但是這些小抱怨，跟你之前吃的苦頭已不算什麼了。

菩薩說，這就是成長！這就是人生因為願意減少自己的主觀、配合他人、贏得他人的讚賞，而得到的成果。

能夠接受生命、生活當中所有的變化，能夠站在別人的立場，感同身受別人所受的苦，然後學習隨緣喜善，這是你這幾年來非常大的成長。

菩薩說，你已經變得越來越成熟，心思也越來越細膩了，能感察到別人所需要的部分，而且不吝嗇對於他人的付出，這是你跟過去最大的不同與成長。

菩薩期許在未來的你，能夠擁有更多的自覺、判斷的力量，以及智慧抉擇的能力，去做出覺得對他人有貢獻、對自己有幫助的事情。

●相信菩薩

菩薩說，你一定有發現，在接觸菩薩之後，變得更加勇敢了，而且完全不抱怨過去曾發生過的事情，反而覺得那是一種恩寵，那是上天給予你的禮物，才能夠讓你體會那些，而走到現在。

雖然，還是會有一點點心理上的憂鬱，但是，你已經發現、找到方法去克服了，那就是無論如何，任何的憂鬱、焦慮，都不能夠阻擋讓你快樂的心。繼續快樂下去，菩薩看見你真的很勇敢，超乎了菩薩原本所設想的狀況。

原本，菩薩以為你可能要憂鬱很久，但現在的你，看起來非常好。菩薩希望你在短時間之內，都不會有憂鬱的情況，而且會越來越好。

放手也是一種成長

不斷地促使自己成長，是你現在很希望可以為自己做到的，你也一直不斷地在檢視自己生命當中的課題，在檢視有哪些事情是可以做好的。

菩薩說，一直不斷地反省自己，是你的優點。

但是，過度地反省自己，會阻礙別人成長的機會。

也就是說，當別人需要成長的時候，你如果一味地幫別人把事情都做好了，那麼，只會造成別人的無能，造成成長上面的缺損與傷害。

所以，有時候不妨放手，讓別人去學習，不僅可以幫助到你，也可以讓那個人學習到自己應該要學習的課題。

菩薩說，對於很多事情，也許有一些誤解，也許有一些主觀意識上的偏差，但是，只要多包容，將眼界放寬，還是可以看見不同的美好。

有時候，你做事情時，都會替別人著想，但有時候，太過替別人著想，反而會促使別人沒有辦法成長。

所以在做事情時，要懂得放手，讓人去學習，要能夠觀照你自己，先看你自己的能力能否做到，量力而為，不要全攬在身上。

太多的承擔，只會造就別人的無能。

不要強迫別人做改變，不管是誰都一樣，每個人都是單獨的個體，你是，他是，別人也都是。

怎麼樣可以在你跟他、跟別人之間，取得共同的平衡點？就是不干涉。

那會承擔什麼樣的結果？你會擔心跌倒了、失敗了、失去了、挫敗了怎麼辦？

那也是他們必經的過程，不要管，不要理，只接受、包容、鼓勵與肯定。

跌倒了，扶持他們。

受傷了，安慰他們。

成功了，肯定他們、鼓勵他們。

所以，你不需要擔憂，你不需要站在他們的後方小心翼翼地呵護著，就怕他們受傷，就怕他們跌跤，就怕他們吃不飽。

與其小心翼翼地站在後方保護著他們，還不如站在前方迎接他們、肯定他們。

菩薩說，一直以來，你都是一個願意為別人付出、為別人著想的人。

但是有時候，為別人做了太多，會造成別人的無能，因為你都把事情做好了，都把事情想好了。

所以有時候，適時地讓別人也有能力處理自己的事情，是好事。

不要把所有的責任都攬在自己身上，讓自己覺得疲累。

因為你真的是包辦全能，這樣會累死你自己。

因為你責任感太重了，你覺得要自己做，才會放心。

但是事實上，你應該少做，讓他們多做，你要信任他們，要學習相信他們，這樣，家運才會好！

要學習放心、放手！

菩薩知道你為了這個家辛苦了，但其實，很多錯都不在你身上，不是你的錯！家人的分離，孩子們內心對於愛的需求，都不是你的錯！

你已經盡最大的力量幫助他們了，其他的，你一定要懂得隨緣與放手，給予他們最大的祝福，祝福他們在成長的路上依然自在，希望他們在成長的路上，也能夠找到自己的方向。

你不可能亦步亦趨地跟著他們、保護著他們！適時地放手，才是你現在需要學習的課題。

從個性來說，你改變了很多，也希望自己可以越來越好。

菩薩說，未來的你，只要願意更加的勇敢，承擔起自身責任，雖然沒有不苦的，但總會讓人越來越充實。

人生沒有不苦的，因為你知道自己從小到大都很苦，這苦，好像已經變成了一種習慣。

習慣苦之後，就要告訴自己：我已經習慣苦了，沒關係！但我要懂得苦中作樂，我要找到自己的快樂。

可以適度的幫助別人，但不是任人予取予求、任人折磨。

雖然有時候，放手很痛苦，你要叫他做好像很痛苦，但是，就是讓他做！讓他試試看嘛！

面對生活的擔憂，你一直都沒有鬆懈過，一直戰戰兢兢的，想著自己的生活到底該怎麼樣改變，如何可以過得更好。

菩薩在你細心的規劃下，看見了你對很多事物的執著，以及對於一些事情，要求自己要能夠放下。

這些進步，菩薩相信你自己都知道。

你很努力、很勇敢，你勸自己要放手，勸自己要承擔，然後不能說苦，菩薩都有看見。

你逐漸成長的這幾年，相信你有著最深的體悟，以及最深的領悟。

菩薩認為，現在的你，前進的方向依然美好，也比過去更加的勇敢，甚至比以前更加的茁壯、堅定。

菩薩希望你在未來的路上，就算遇到困難、挫折，也要秉持著現在的想法，繼續向前邁進。

菩薩心語對話

菩薩心語對話

●同學問：「本心存在何處？是心控制大腦，還是大腦控制心？該如何找到不受污染的本心？」

本心存在於心裡面，就是初發心、初衷。

心念是受心控制的，是心在控制大腦的，心控制大腦怎麼想，所以心是很重要的，要先有那個心在控制大腦。

在心理學來說，是大腦在控制人的，但是有那個心，是可以控制大腦的，因為是信念、信仰的問題。

色、受、想、行、識，這才是受大腦控制的，這些是外在的覺知，這是受大腦控制的。

如何找到不受污染的本心？

就是要時時的觀注、盯著自己的心看，時時檢討自己，然後，時時採取感恩的心。

你如果不懂得感恩，人的心一定會變質的。

因為我們人是貪心的，天生就是貪心的，有還要更多。

所以，人如果不能夠時時的去感恩別人的話，那個心很容易變質。

人若驕傲，一定容易讓心變質，人若常常處於高位、受人愛戴，容易看不見其他比自己好的人，也容易失其本心，忘了自己。

當一個人眼中容不下他人時，也代表著驕傲、高傲已經淹沒本心，看不見真實、單純的心了。

如何找到不受污染的心？

觀心、檢視自我，長期學習、日日反省，不居高位、不驕傲、同理他人，才有可能找回自己的心。

●同學問：「例如人失戀，菩薩教我們想辦法放下自己的痛，面向新的人生。有沒有可能失戀時，就直接有個科學醫藥的方法，可以幫助人失戀了不痛？」

菩薩回答：沒有辦法！為什麼？

人一定要經過失戀或是失去的這種傷痛、撕裂痛、心痛，整個心被掏空了的那種痛覺，才會知道這個痛的感受，才會收到警訊跟教訓，不想再這麼痛。

譬如說你被燙過之後，你會知道以後熱的東西不要去摸。你不會在被燙過之後再去摸第二次，不會明明知道這是燙鍋，你還去碰它。

所以人會學習，就是必須要從這些痛的過程當中來學習。

你如果不讓他學習，你不讓他痛過，他一輩子都會覺得這個世界很美好，他什麼人都相信，所以，你一定要讓他被騙過之後，他才會知道，原來這世界真的有壞人，這世界真的有自私的人。

很多學習的過程都是這樣的。

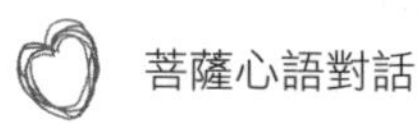

失戀，它只是失去範圍裡面的其中一種。

失去親人，也是失去的一種。

就像菩薩之前講的，我們的人生其實是從無到有，又從有到無。

譬如說，我們從出生開始，到幼稚園、小學、國中、高中……我們一直在學習，我們會慢慢得到生活裡的點點滴滴，所擁有的也就越來越多了。

到了一定年紀之後，我們就又開始失去，失去爸爸媽媽，失去青春，失去歲月、年紀，失去健康，然後，慢慢的走向死亡，到最後，什麼都沒有，又是空的。

所以，人生其實是從這些失去當中，一直不斷地在學習，而唯有「痛」可以讓人有所領悟，才會加快開啟我們的智慧，讓我們意識到人不應該這樣。

太爽、太舒服、太安逸，你不會有感覺的：「哪有什麼！」

所以，只有失戀過的人、被拋棄過的人，可以跟失戀的人講話，因為他會感同身受。

太過幸福的人，你叫他去跟一個失戀的人講話：「唉呦！就想開一點就好了嘛！」他想不開，因為你不曾經歷他的傷痛。

但是如果你曾經歷過那樣的傷痛，你就會知道該用什麼方法去跟他說，他才聽得進去。

有些人為什麼還是這麼執著？因為我也曾經這麼執著，所以我會讓他把這個過程走完，我的角色不是叫他要趕快清醒，我的角色是在陪伴他的過程當中，一直不斷地提醒他要清醒，但我還是陪伴著，我不會放棄他。

他問我：「她會不會跟我復合？」

我還是會跟他說：「她不會跟你復合」，但我還是在。

他再來問我：「她會不會跟我復合？」

我還是會跟他說：「她不會跟你復合。」然後我會慢慢地跟他說，我的話會越下越重：「她不愛你了！她不會回來了！」

然後他就會問我：「那我再繼續等，她會回來嗎？」

「她不會回來了！你要祝福她！」

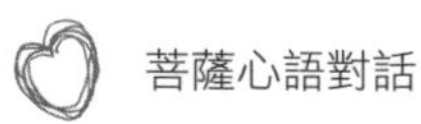

但我永遠都在，不管他問我什麼問題，我永遠都在。因為我經歷過那個時間，我知道，要讓一個失戀的人或是一個頓時失去所愛的人，你要他在這樣短的期間下回復，是不可能的，你必須給他時間。

●同學問：「另一半很容易發脾氣，也常在發脾氣後懊惱的問我：『人要如何超越自己的大腦不會發脾氣？』請菩薩開示。」

脾氣發完之後，他發現自己發脾氣了，很好！這很棒！

他發現他自己發脾氣了，你可以跟他說：「很棒！你已經知道自己發脾氣。可是我覺得我不會受傷，因為我知道，這是你一次次不斷的超越你自己，你已經意識到你發脾氣了。」

我們人不會超越大腦的，因為大腦連結著很多的情緒。

人為什麼會失控？因為有時候，我們的情緒已經超越了大腦的理性。

你知道，你明明是一個很理智、很冷靜的人，但當你碰到了每個事件都不斷地給你很多刺激時，那個就是「欲」，那才恐怖。

怎麼辦？一直不斷地做修正！

沒有人是完美的，就是要一直不斷地做修正，一直不斷地去瞭解這個情緒從何而來，然後要能夠原諒自己。

因為發生了這件事情，我發怒，我生氣，我不應該，我做懺悔，都是好的！不要說：「你看吧！修行人還生氣！」

修行人也是有情緒的，也是要吃喝拉撒睡的，我們還是在做一般人該做的事情。

假設，今天一個至親好友，你真的很愛他，他走了，如果你是沒情緒的：「菩薩叫我們要放下，要能夠祝福他，好啊！讓他去啊！」人世間的人用人世間的角度在看你，他們會覺得你冷血。

所以，假設你真的很堅強，你覺得他這樣是一件好事，那麼，你可以把話講完整：「我覺得他沒有病痛了，他跟在菩薩身邊，我放心了，所以我沒有哭泣，我沒有掉眼淚，是因為我給他滿滿的祝福。」這樣，就不會讓人家覺得你冷血了，因為你把話說完整了。

每一件事情，每一個失控，每一個情緒的點，我們都要當它是一種學習。我們都不會是完美的，我們一定有很多的毛病、很多的缺點。所以，我們也可以去做一個功課：「你覺得你自己是一個怎麼樣的人？」願意檢視、面對自己的缺點及劣根性，並能接受自己的缺點：「我就是這樣的人！我要怎麼樣去做改變？」這還蠻重要的。

人生的劣根性，附著在人性之上，看似淺顯，實為深著，一旦淨見，能否除之，全看己。若有覺悟，便能有所省思。

且看，汝心何為劣根性，如何除之，如何照見此生光明。

● 心念當中，有感受到惡念產生，該怎麼辦？

你感覺到這些惡念的出現，其實，它就是你心念生出來的，所以，你的善念就要從心裡面生出來。

心所生出的念，只有善念可以讓它出現。意識到自己出現惡念，那麼，惡念就會受到控制，就不會產生。

不是我去壓抑惡念：「不要這樣想！不要這樣想！我不可以這樣想！」我不去壓抑它，我的念頭一出來根本就不會有惡，因為在我的自然意識中，我已經知道，在自己的心念中，不會有惡念的出現。

不是去壓抑那個惡，而是我不需要壓抑它，因為我的念頭本來就不會有惡，所以不用去壓它，我就不用去想：「啊！我不能這樣想！」

你說：「這不太可能！」

所以要學習，那只是目標，是菩薩道的目標，不容易做到。但是不能因為我們做不到，所以我們就不去做，要想辦法做到。

你說：「剛開始，還是只能先從壓抑開始？」

當然！剛開始要先拔掉這些惡。

偶爾意識到惡念出現的時候：「啊！不行！不行！不行這樣想！」你告訴自己不能這樣想。

到了後期目標，就要告訴自己：「我完全不會這樣想！不會想到那樣。」

「人有辦法做到這樣嗎？」有！

那些出家的老師們其實都會這樣，因為人家花了畢生的時間在做修行的功課，加上他們的歲數，看的人、所接觸的人也多了。

人會有習性，他們剛開始一定會：「吼！這些人怎麼這樣？」然後，出家人會有出家人的習氣，對在家眾會覺得：「怎麼這樣！不可教也！」

想要去教他們，教到後來，越來越多人，一百人有一百種習性，沒辦法去管他們的時候，就只能順！順的時候，有人可以做得到，就做到了；有人沒有做到，也不關我的事！

不關我的事，不是「哼！不關我的事！」

而是：「他們都是眾生，他們隨著自己的習性存在著，我看著這些眾生，我可以接受所有眾生不同的面向。

眾生可以那樣，也可以這樣，都好！因為這是你自己的選擇，你們自己做的決定！

一堂課，有的人很精進，有的人不精進，這是你的決定，跟我沒有直接關係，我還是在做我的事情。」

他們為什麼可以這麼看開跟淡然？

因為他們看多了，看多了就會學習多。

一個人有一種看法、一種習性，從每個人身上學習，就會變成自己的智慧。

因為他們內化謙卑，認為每個人生命當中都可以學到東西，所以他們可以從謙卑當中得到人家身上的東西。不管好的、壞的，一定都有可以收穫的。

所以，你會發現他們的修養真好，都不會生氣。

因為他看多了，接觸多了，他知道這是人性，他知道這些就是習氣，他可以接受人有人性，人有習氣，而不會想要去改變這個人的個性、習氣，他是接受的。

他看多了！他接受每一個人的個性，每一個人的習氣。

當他接受的時候，沒有人是錯的。

當他認為「沒有人是錯的」的時候，為什麼要生氣？他不認為這個人有做錯。

你為什麼會生氣？是因為你覺得這個人做錯了，但這個人不覺得自己做錯啊！

這個人在課堂上吃東西、不聽課，走禪的時候亂走……，沒什麼好生氣的！他也在走啊！只是他用不同的方法在走。

如果有人比較執著，自我意識比較強，就會站起來指正這個人：「你不應該這樣！」我們為什麼要指正他？他的個性就這樣，他沒有認為自己錯啊！

我們要做到這個修行目標很難！需要練習，來累積自己的修養。

●度的說法

菩薩說，佛、法、僧三寶，要怎麼樣去度化一個人的心，很重要。

其實，每一個人到了二十歲時，會有不同的轉變；到了四十歲時，也會有不同的轉變；到了六十歲後，又會有不同的轉變，但這二十、四十、六十不是一個確切的時間、實際的數字，只是告訴你，可能七年、可能八年、可能十年，每一個時間點都是每一個人不同的進步空間、不同的進步階級。

所謂「度化」，就是講了一次後，又要再講第二次；有了第三次犯錯，就要再講第三次；有了無數次犯錯，就會一直不斷的再講無數次。因為菩薩也是用這樣的心情在度化眾生，當眾生犯錯的時候，一次再一次，從來沒有不再原諒他的時候，菩薩永遠沒有「我從此不再原諒這個人」的想法。

所以，用佛、法、僧三寶來去度化這個人，有的時候，必須要用佛的角度來看一件事情。

譬如，我們常常說「菩薩怎麼會這樣慈悲對人？」就是因為菩薩用慈悲的角度在看眾生，所以，菩薩不會用懲罰的方式來懲罰眾生。

法，很多事情依法而行，你們都很清楚，很多事情是依法不依人的。

有時候，人會因為個人的喜惡或是因為要聚集什麼樣的聚光焦點，而說出了不負責任的話。所以，佛法是依法不依人的。

任何人都可以說出有佛法、有力量的話，哪怕是一個在旁邊工作的工人，他都可能說出一句非常有力量的話語去激勵別人。

而就算是身處高位的老師、總統，他們都可能說出了一句傷害別人的話。

所以為什麼要依法？就是因為依照佛法、依照法律、依照世間一切法，來做依循。

法一定有法理，當然法理不外乎情理，那就要看「情」依不依法為根本。

但是菩薩都是這樣，一次次不斷地給人機會，不會有「再也不給他機會」這種事情。

假設今天你們提醒了某一個人，他做這件事情時好像稍有不對，他願意修正，這就是一個很好的學習。

但不管他做不做修正，菩薩都不會因此而放棄他，下一次，菩薩又會利用另外一個方式再繼續去度化他，再繼續給他機會，一直到他明白了的那一天，而這過程可能是跟任何人都沒有關係的，任何人都不會刺激到他，這是他的學習。

所以有時候，我們要靠僧侶去給我們安定的力量。

佛、法、僧這個僧，指的不只是寺廟裡的師父而已。所謂的僧，其實也代表著在生活當中有很多人，本來就是我們的老師、師父。菩薩也是我們的師父，祂也在冥冥當中，一直不斷地灌輸我們一些好的觀念。

所以，人依法不依人。佛、法、僧三寶，就是我們心中安定的三個法寶。

這些佛法只要進入到我們的心裡面，我們就會知道很多事情不能踰矩。而這些度化，是經過千千萬萬個學習而得來的。

這個度化不僅是可以幫助到別人，也可以度化我們自己，例如忌妒的心、憂愁的心、見不得別人好的心，都可以度化。

而這些度化，可能都是一次次不斷地檢視自己、懺悔、反省，然後一直不斷地修正、修正、再修正，一直到有一天，我們即將要回家的時候，它可能已經修到了最完整的方向與角度了。

所以，沒有人可以聽菩薩講一句話後就：「我記得了！我下次再也不二過。」這很難。

你可能一直不斷地二過、三過、四過，直到：「我真的好像不應該這樣子，因為我好像每次都這樣。」

但是，至少每次都這樣的時候，你有想到：「我又這樣了！」它都是有機會的，都代表這個「度」是曾經發揮過作用的。

因為有「度」就會有反省，有「度」就是表示有懺悔的發生，有「度」就是表示有覺察的意思，你發現了自己不應該這麼做，就要去做修正。

沒有人永遠一開始就是對的，要給予別人機會修正，我們永遠都不會是那個最清高的人。

所以菩薩說，對方自己知道錯就好，而我們知道什麼樣是對的就好。不要用發文章或言語的方式來凸顯自己的清高，來貶低對方，我們都完全不做這種事。

我們自己知道什麼是對的、錯的，知道不可以做，這樣就好了。

●人生修行的學習過程

人生到這一世來投胎，在這個學習的過程裡，其實就是不斷地認識自己。

我們在學佛、在跟菩薩對話的過程裡，都是為了反過來多認識自己，並擺脫兩樣東西：金錢跟權力。

權力包含了向上的鬥志。想向上到什麼樣的位子，那個就是權力。不是自己期許的，是自己壓抑不了的鬥志。

譬如說上佛學班：「我已經唸了兩個班，我接下來要報第三個。你呢？你現在是報第四個班喔？那我也要報第四個、第五個……」，這個就是權力不斷地在累積，它有時候，會讓人迷失了自己。

假設你光報這些班，沒有把它用在生活上，那只不過是要那個文憑，告訴人家說：「我有去唸那個課！」

沒有落實的話，都是假的，你雖然去上了這些課，雖然都有結業，但都是假的。

所以在課堂裡，你會看見，有些學長學姊上了好多課，怎麼行為還是這樣？大家只要那個標章、那個標籤，但沒有把它運用在生活當中。

事實上，上完一組課（不管你怎麼搭配的一組課），你都應該要休息一段時間，讓自己把這一套理論用在生活上，你才能夠去精進上第二期課，這才是真實的，否則，只是淪為形式而已。

若真的聽不懂，便又續報下一期，一直重複上，這當然可以！這是為了要尋求知識，你可以這麼做。

當然也不盡然全在法師口語中。你用字句、文字去解釋再多，都不如你在生活當中去體驗。

有很多觀念，也許是一兩句話，在生活當中去經歷之後，可能你就靈光乍現：原來就是指這個！

不要淪為權力的附庸！當你有一天覺得自己的學習、內容、涵養比別人更多一些的時候，人就很容易出現權力跟慾望，你會覺得自己懂很多：「我們老師說過，這個其實是怎麼解的……」，或者是：「這個我們有上過，以前有講過什麼……」，這個就很恐怖了！

雖然你都上過，你都知道，這個道理你懂，你可以委婉的講給別人聽，這是你的好意。

如果你表現自滿的態度，它就不實用了，它就沒有被用在生活當中。譬如，你都懂念轉運就轉，你告訴人家：「這就是要告訴你，改變自己的個性，改變自己的想法，你就會念轉運就轉啦！」有沒有運用？沒有！因為你的方法不對，你告訴人家的方法不對，你根本沒有實踐。

從我們有半個麵包或饅頭，我們怎麼想？從哪邊去想？佛法存在著很多的道理，要怎麼樣去度法到別人身上，就需要方法。

為什麼有些人會走火入魔？就是因為他覺得自己學了很多，他自滿的告訴不

懂的人。事實上，未必人家不懂，人家也許沒有引導，也許人家也在試探你，這些都有可能。

所以為什麼菩薩一直說，人要謙卑？

不管你學到多麼高，多麼厲害，不懂的還是要問，然後，懂了的也要小心不要自滿。

自滿，會陷入迷糊不清的泥沼當中。所學的這個跟那個，感覺上，好像條理、思緒都很清楚，但是，當你把兩個混為一談的時候，就已經很難變清明了。

所以，不管我們在哪裡上完課，課後其實不是立刻討論，而是要先做一件事，先把這些東西消化、想清楚後，才去做討論。

討論完之後，也許你會從別人口中得到一些你剛剛沒想到的，然後再把它運用在生活裡。

一定要讓自己靜下來想一想你剛剛所學到的，全部重整一遍，接下來，彼此要交換意見、要討論的時候，你才會知道剛剛有沒有聽錯？有沒有感覺錯誤？有沒有想法錯誤?激盪出不同的火花後，再沉澱下來，再把它用在生活當中。這樣才會進步。

互相討論，是為了成長，是很好的。一定要記得，每一個人都是我們這個團體裡面的老師。

當別人在發言的時候，他就是老師，因為他的感受是很真實的，哪怕是他短短的一句話，他都能讓我們相信他、信服他，每一個人的意見都是最棒的。

●感恩謙卑的心就是學習的過程

菩薩說，用心去觀察身邊每一個人成長的軌跡，便是一種成長經歷的開啟。說書人、道書人、學習之人，最害怕的是，到歲月低垂時，認為自己是一個豐穗的稻穗而不懂得感恩與前進。

當我們知道，學習的一切必須用在生活當中時，時時能夠警惕自己做得夠多且做得更好，這是一種努力學習的過程。過程當中，雖然會有很多的辛苦及不為人知的心理磨滅過程，而這一切都唯有自己體會。

所謂的心理磨滅過程，就是當我意識到自己做這件事情是不對的時候，我要能夠消除它，而讓好的東西繼續成長、留在心裡面；讓不好的過程能夠消除，不好的結果及經驗能夠消除，把好的留在心中。

人生是一個體會的過程，你會發現，當你學習越多的同時，我們應該謙卑更多，學習力要增加，才能夠吸收更多。

遇到困難、不解問題的同時，祈求菩薩能夠給予善知識的引導，給予善知識的增加，讓自己有新的感受。

●同學問：「要如何在混濁的娑婆世界中，日復一日焦頭爛額於工作中，找回當初投胎時的靈魂自我期許和期待？用什麼方法可以幫助自己、調整自己？」

每一個人都是在成長的過程當中，在人生經歷當中，慢慢知道自己要的是什麼，慢慢體會失去了什麼，慢慢了解到，也許失去就是一種擁有，甚至於在失去的過程當中，慢慢接受了自己失去的一切。

要怎麼樣知道自己的靈魂深處想要的？

其實，就是要憑每一個人的慧根了，要多接觸善知識、多接觸佛法、多唸佛號，就能夠明心見性，開啟我們的悟性。

你現在在做的事情，就是你當初在投胎時所下定的決心，只是你現在的記憶想不起來當初投胎時，是為了什麼。

你當初投胎的時候，就是為了想要學習更多人生的道理、靈魂和萬法生滅的過程，以及在遇到困境之後該怎麼樣調適自己的心態。

而你現在正在做的，就是一步步地找回自己心靈跟靈魂深處智慧的連結。這一步步的過程中，我們在學習的當下，也讓更多人知道這些善知識。

用什麼方法可以幫助自己、調整自己？

其實，就是跟著菩薩的腳步，一直不斷地做一些新的學習。

也許，在冥冥之中，菩薩在你的人生，為你安排了很多重要的課題，過程中，有很多朋友伴隨著你，跟你一起學習，也跟著子容老師一起學習，體認在所有生滅當中所應有的領悟。

多唸佛號，多進行修習，修習就是修行跟學習，這更可以幫助我們釐清自己靈魂想要做的事情。

●靈魂的勇氣

同學問：「為何到了這一世沒勇氣？遭受挫折，會焦慮、退縮、逃避？」

為什麼到這一世會沒有？因為這一世是來學習的，學習遭受到挫折之後，人必須產生勇氣。勇氣並非天生的。

人的勇氣不是天生的，人的勇氣是經過了挫折、學習而來的。

你會知道挫折，然後你會沮喪，沮喪了之後，你會知道，再這樣下去不行！所以你會產生勇氣，讓自己長大。

人都是焦慮、退縮、逃避的，直到無法再逃避的時候，就會勇敢了，你就會強迫自己面對，這就是一個過程。

人不可能在遇到事情時，一下子就變得很勇敢。有的人很勇敢，也是因為他經歷了一連串的事件，他才會變得勇敢。

●同學問：「如果前世的靈魂是有智慧的，為何到了這一世遇到很多事會內心糾結，也無法戰勝自己的心靈黑暗面？既然每一個前世的經歷都是一個檔案，此生如何能提早打開檔案、提早把智慧找回來？」

人的前世靈魂是有智慧的，到這一世來，他不會馬上就變成一個有智慧的高人，他一定是經過學習的。

但是，因為他前世的靈魂是有智慧的，所以他學習力強，人家要學一年，他可能三個月就學會了。

人家講了一句話，他就明瞭了、知曉了，他就通達那個道理了。所以，他學習的速度會比別人快，這個代表他的靈魂有智慧，而不是他一出生，就好有智慧。

人的心裡面總是有很多的糾結，在產生了所謂的心靈黑暗面之後，才會發現、意識到：我怎麼會有心靈黑暗面？我不可以有心靈黑暗面！

這個就是用我們的智慧去意識到：我們有心靈黑暗面。

所以你會告訴自己：我不可以這樣！

當你決定不可以這樣的時候，就是智慧產生了。

智慧產生之後，就會控制人的行為、控制人的意識，你就不會去做這樣的事情。

所以人家會說：「你好有智慧喔！」是這樣來的。

靈魂總是會把前世的智慧帶到這一世來的。只要你相信，就會一直帶著的。

菩薩說：人生就是去經歷，然後去做、去認知，然後去瞭解、去學習就對了。

每一個檔案都是一個經歷，每一個經歷都是一個檔案，沒錯！

那麼，要怎麼樣才可以提早打開？

就是把我們的覺知打開來，然後真正的去面對它。

我有任何的感受，我都去面對，我會知道：我該經歷的是什麼？我該做什麼決定？

當你願意去接受，就會把很多的關卡全部都打開來。

逃避，只會讓關卡慢一點開。

覺知，會啟迪覺性，去察覺到自己的個性，進而覺悟道理，這非常重要！

●承擔的重量

當我把手心向下，壓放在你的手心上時，你感覺到什麼？「有重量。」

還有呢？「賦予了一些期待。」

還有什麼？承接跟給予。

你的手承接，我的手給予。

你不知道我給了你什麼，但是，你知道這裡面有重量，這裡面有很多的期許，這裡面也許有很多的愛，還有很多的無形、有形。

一旦承接了，就會有力量；一旦承接了，就會有責任；一旦承接了，就要承擔。

承，是一個開始，它沒完沒了，除非這東西自己離開，否則它一直會落在你手上，你擺脫不了。

所以，當我的這個東西下來的時候，只要我不離開，或是你沒有誘導我走正確的道路，我就會一直變成你的重量。

但你如果想：「這是我願意承接的，我願意承擔這個重量在我手上，我是很開心的，他給予的也是我要的」，你就會一直承擔這個愛、期許或重量，很開心的接受。因為我是給予，你是接受，你就會一直接受著。

有人抱怨：「面對接踵而來的工作負擔，自己的心一直陷入黑暗和疲累的深淵中，找不到出口。」

去想想這點，當你把這些工作想成是「應該的」，你在這個位置上，你本來就應該要「接受」這樣的工作，你本來就應該要面對這樣的壓力。

如果很多東西是應該的、本來就要接受的，就不會覺得它是一個負擔了，負擔就是負面的。

不會有一些負面的情緒，你就不會覺得這是一個擔子，你不會覺得這個擔子是由你來背負。

再試想另一個情況，當我把手心向下，壓放在你的手心上，此時，我的手突然拿開了，你有什麼感覺？「覺得很輕鬆。」

所以，愛一個人太重，會不會也是一種壓力？

但是，當我的手突然離開的時候，你又會覺得？「有點錯愕。」對！

對方放手，有時候你是輕鬆的、是放鬆的。

但是，如果他是這麼突如其來的離開跟放手，你會忽然間覺得好像失去了什麼。

放手，要在什麼時候放手？承接，要在什麼時候承接？

難道要承接到你覺得心理準備好了？「我準備好了，你才可以放喔！」很多時候，無常並不是這樣的。

承，這個部分其實在講的是連接。我跟你，手跟手放在一起，它就會有感覺，這就是一種連接，不管你在做什麼，它就是會有感覺的連接。

所以離開、不離開、過於突然，都會讓人錯愕，讓人措手不及。

所以，一直不斷地給予，給予得太多，有一天，當我們抽離的時候，人家會覺得：「你怎麼可以不給了？」

連結、給予的感覺，這些產生，都是感覺，都是我們在感覺很多事情，很多感覺都記在心裡面了，這些感覺讓人一直不斷地去承受、接受這些東西。

所以，我們到底可以怎麼樣做？這裡面，有很多學習的課題。

一個人勇於承擔，變得勇敢，相對的，人生課題也許是更艱難，但是，此生一定能夠增長智慧，不僅能幫助身邊的人，還能夠讓自己的人生更加豐富。

{好書推薦。}

智在心靈 056

念轉運就轉21
一切都會過去的

暢銷作家　黃子容 著

人生中，
不管心痛、煎熬、開心或快樂，
人生中的酸甜苦辣都在那個當下，
所有的痛苦都會結束，
所有的難關都會過去，
堅定你的心念，
一切都會過去的。

{好書推薦。}

智在心靈 053

安定心靈 禪中修行(下)

暢銷作家 黃子容 著

擁有有限的生命，擁有苦痛的人生，
擁有受傷的靈魂，擁有生病的肉體，
我們便要歡喜，
因為我們是如此的在經歷人生與生命的奇妙歷程。
生命中充滿著感恩以及慈悲，人生就圓滿了。

{好書推薦。}

智在心靈 054

念轉運就轉20
放手才能握緊幸福

暢銷作家 黃子容 著

放下，才是緊握幸福的開始。
擁有很多愛的人，會療癒你身上的痛。
你相信愛，愛情就會來到。
你相信幸福，便開始幸福了。

智在心靈 055

菩薩心語3

暢銷作家 黃子容 著

{好書推薦。}

勇敢不是不害怕不恐懼，
而是心中雖然害怕恐懼，
仍會繼續勇敢向前。
你有多勇敢，就有多幸福。
帶著愛，堅強勇敢的向前行。
人生總有些困難，但只要你願意，
拿出勇氣與愛，必定能夠突破難關。
善的循環，有一天會回到你的身上來。
擁有滿滿的愛與能量，
一點也不害怕前方的困境，
相信這份堅定與勇敢，
可以帶給你更多的幸運。

國家圖書館出版品預行編目資料

菩薩心語. 4 / 黃子容著. -- 初版.
-- 新北市：光采文化，2019. 06
面； 公分. --(智在心靈； 57)
ISBN 978-986-96944-3-8(平裝)
1. 生命哲學 2. 修身
191.9 108009417

智在心靈 057
菩薩心語4

作　　者　黃子容
主　　編　林姿蓉
封面設計　顏鵬峻
美術編輯　陳鶴心
校　　對　黃子容、林姿蓉
出 版 者　光采文化出版事業有限公司
新北市永和區中正路454巷6-1號1F
電話：(02) 2926-2352
傳真：(02) 2940-3257
http://www.loveclass520.com.tw
法律顧問　鷹騰聯合法律事務所　林鈺雄律師
製版印刷　皇輝彩藝印刷事業有限公司

2019年06月初版

總經銷：大和書報圖書股份有限公司
地　址：新北市新莊區五工五路二號
電　話：(02) 8990-2588
傳　真：(02) 2290-1658

定價 300 元
ISBN 978-986-96944-3-8
Printed in Taiwan

luminosity
luminosity luminosity luminosity
luminosity luminosity luminosity luminosity
luminosity luminosity luminosity luminosity
luminosity luminosity luminosity luminosity
luminosity luminosity luminosity luminosity
luminosity luminosity luminosity luminosity
luminosity luminosity luminosity luminosity
luminosity luminosity luminosity luminosity

luminosity

luminosity luminosity luminosity
luminosity luminosity luminosity luminosity
luminosity luminosity luminosity luminosity
luminosity luminosity luminosity luminosity
luminosity luminosity luminosity luminosity
luminosity luminosity luminosity luminosity
luminosity luminosity luminosity luminosity
luminosity luminosity luminosity luminosity